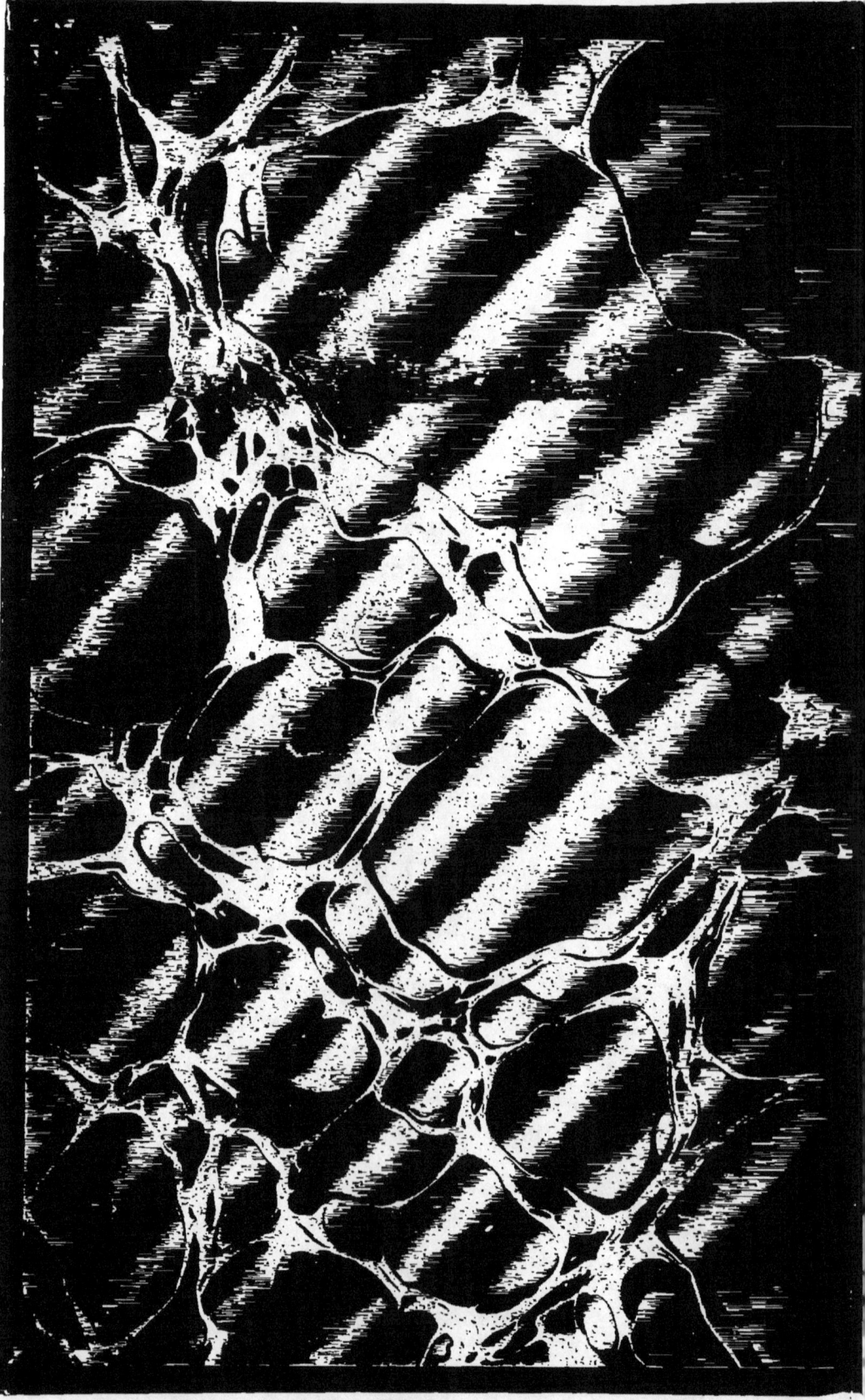

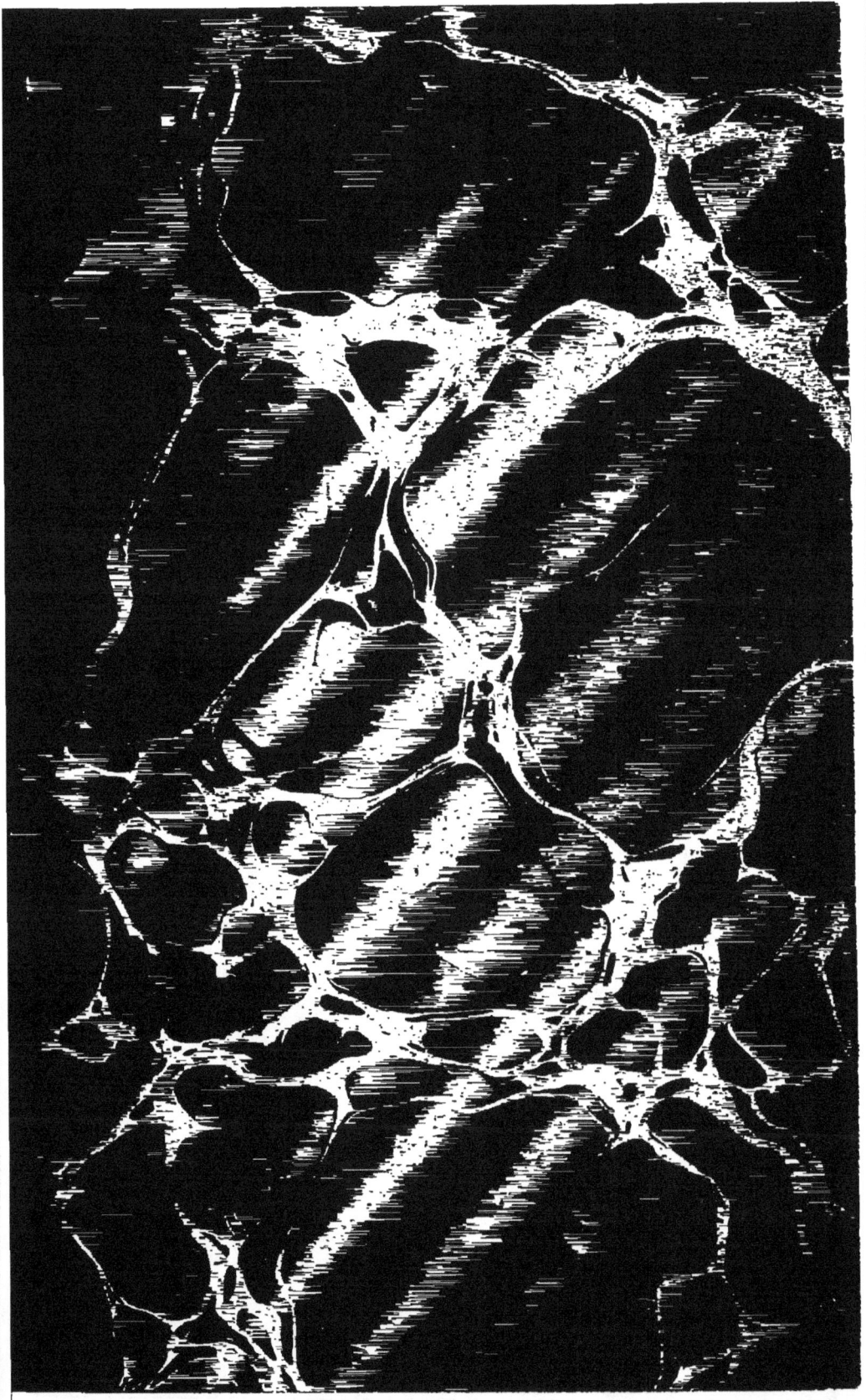

LES
RUES ET LES CRIS
DE PARIS
AU XIIIE SIÈCLE

PIÈCES HISTORIQUES PUBLIÉES D'APRÈS LES MANUSCRITS
DE LA BIBLIOTHÈQUE NATIONALE

et précédées d'une

ÉTUDE SUR LES RUES DE PARIS AU XIIIE SIÈCLE

Par Alfred FRANKLIN

de la bibliothèque Mazarine.

PARIS
LIBRAIRIES
Léon WILLEM | Paul DAFFIS
8, RUE DE VERNEUIL | 7, RUE GUÉNÉGAUD

1874

COLLECTION DE DOCUMENTS

rares ou inédits

RELATIFS A L'HISTOIRE DE PARIS.

LES RUES ET LES CRIS

DE

PARIS AU XIIIE SIÈCLE.

TIRÉ A 350 EXEMPLAIRES

TOUS NUMÉROTÉS

325 sur papier vergé des Vosges.
22 — chine véritable.
3 sur parchemin.

N°

LES
RUES ET LES CRIS
DE PARIS
AU XIIIe SIÈCLE

PIÈCES HISTORIQUES PUBLIÉES D'APRÈS LES MANUSCRITS
DE LA BIBLIOTHÈQUE NATIONALE

et précédées d'une

ÉTUDE SUR LES RUES DE PARIS AU XIIIe SIÈCLE

Par Alfred FRANKLIN
de la bibliothèque Mazarine.

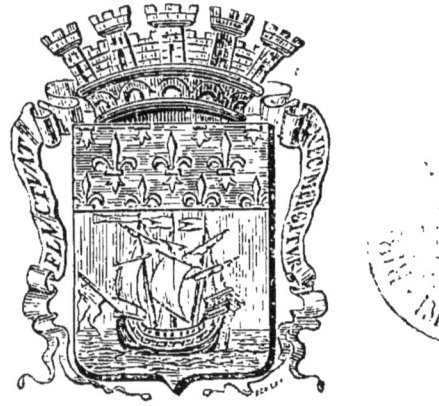

PARIS

LIBRAIRIES :

Léon WILLEM	Paul DAFFIS
8, RUE DE VERNEUIL	7, RUE GUÉNÉGAUD

1874

LES
RUES DE·PARIS
AU
XIIIᵉ SIÈCLE

I.

Paris resta longtemps confiné dans la Cité (*Civitas*). La rivière et quelques fortifications successivement établies, partie en bois, partie en pierre, rendaient l'île facile à défendre. A l'une de ses extrémités s'élevait le palais du roi (aujourd'hui *Palais de Justice*), à l'extrémité opposée le palais de l'évêque et la basilique de Notre-Dame [1], *basilica Domnæ Mariæ*, construite

---

1. D'abord consacrée à saint Etienne.

sur l'emplacement d'un ancien autel dédié à Jupiter.

La Cité était reliée aux faubourgs de la rive droite et de la rive gauche par deux ponts : le Grand-Pont (aujourd'hui *Pont au Change*), dont l'accès était défendu par une fortification, le *Grand-Châtelet* [1], et le *Petit-Pont*, protégé par le *Petit-Châtelet* [2].

Une voie très-fréquentée réunissait ces deux ponts l'un à l'autre, et traversait par conséquent la Cité dans toute sa largeur. Partant du *Petit-Pont*, elle formait une ligne brisée qui se dirigeait vers l'ouest jusqu'à une chapelle de Saint-Michel, située à gauche du *Palais*. Là, elle tournait brusquement à droite, de manière à longer toute la façade de cet édifice. Jaillot [3] cite un acte d'échange, daté du mois d'août 1230, où la première partie de cette rue [4] est nommée *Via qua itur a parvo ponte ad plateam Sancti Michaelis*.

Entre l'église et le Palais on rencontrait un assez vaste espace, qui était consacré au commerce, et que l'on trouve appelé *place du*

---

1. Aujourd'hui *place du Châtelet*.
2. Aujourd'hui *place du Petit-Pont*.
3. *Recherches sur Paris*, quartier de la Cité, p. 36.
4. Devenue ensuite *rue de la Calandre*.

Marché-Neuf. Une autre place contiguë, située sur le bord de la Seine, et qui était parfois submergée, portait le nom de *Marché-Palud*.

L'île, d'ailleurs, était moins grande qu'aujourd'hui. A l'ouest, elle se terminait à l'endroit où se voit la *rue de Harlay* et jusqu'où s'étendaient les *jardins du Palais*. Au delà étaient deux petites îles [1] presque parallèles, qui n'ont été réunies à la Cité que vers 1610, et sur lesquelles furent alors établis la *place Dauphine*, le *quai des Orfèvres*, le *quai de l'Horloge* et le terre-plein du *Pont-Neuf*.

Si l'on en excepte la demeure du roi et celle de l'évêque, les seuls monuments que renfermait la Cité étaient des églises. Le peuple, dit très-bien M. Th. Lavallée [2], s'inquiétait peu des bouges obscurs et infects où il couchait, pourvu qu'elle fût grande, riche, magnifique l'église où il passait la moitié de sa vie et où tous les actes de sa vie civile étaient consacrés. Dans cet espace si restreint se pressaient déjà au XIIe siècle une quinzaine d'églises : *Saint-Denis-de-la-Chartre*, où, disait-on,

[1]. L'*île de Buci* ou *du Passeur aux Vaches*, et l'*île du Patriarche* ou *aux Bureaux*.
[2]. *Histoire des Français*, t. I, p. 321.

saint Denis et ses compagnons avaient été emprisonnés ; *Saint-Martial*, fondée par saint Eloi, l'argentier du roi Dagobert ; *Saint-Christophe*, située en face de Notre-Dame ; *Saint-Denis-du-Pas*, adossée aux murailles de la basilique ; *Saint-Barthélemy*, construite vis-à-vis du Palais, et *Saint-Nicolas* dans son enceinte ; *Saint-Landry* ; *Sainte-Marine* ; *Saint-Aignan* ; *Saint-Pierre-des-Arcis* ; *Sainte-Croix* ; *Saint-Pierre-aux-Bœufs*, paroisse des bouchers de la Cité ; enfin, l'*Hôtel-Dieu, Domus Dei*, où l'on admettait, non-seulement les malades, mais encore les pauvres pèlerins et les gens sans asile.

Sur la rive gauche, moins peuplée que la rive droite, on récoltait cet excellent vin de Paris, dont l'empereur Julien avait conservé un si doux souvenir [1]. Tout ce territoire couvert de vignobles était partagé en clos qui, comme aujourd'hui dans le Bordelais et la Bourgogne, donnaient sans doute leur nom au vin qu'ils produisaient. Les principaux étaient le *clos Saint-Victor*, où commençait à s'élever la célèbre abbaye de ce nom ; le *clos des Arènes*, ainsi nommé des constructions dont

---

1. *Misopogon* (édit. de 1696), p. 341.

on a découvert les ruines lors du percement de la *rue Monge*; le *clos de Sainte-Geneviève*, au centre duquel se trouvait l'abbaye; les *clos de Garlande* et *de Mauvoisin*, séparés par un chemin qui est devenu la *rue Galande*; deux *clos Bruneau*, dont les rues actuelles *des Noyers* et *de Condé* indiquent l'emplacement; le *clos Saint-Sulpice*, aujourd'hui représenté par une partie du *jardin du Luxembourg*; le *clos des Poteries*, auquel la *rue des Postes* doit peut-être son nom; le *clos du Chardonnet*, où la vigne avait déjà remplacé les chardons; le *clos de Laas* ou *de Lias*, qui longeait la Seine depuis l'*Institut* jusqu'au *Petit-Pont*, etc., etc.

Des rues ou plutôt des chemins séparaient ces clos fertiles, arrosés à l'est par la *Bièvre*, qui venait se jeter dans la Seine à l'endroit qu'occupe aujourd'hui la *rue des Grands-Degrés*, et à l'ouest par la *Petite-Seine*, qui partait des fossés de l'abbaye Saint-Germain-des-Prés, et gagnait le fleuve en suivant le tracé de notre *rue Bonaparte*.

Mais l'enceinte élevée par Louis VI, et dont au reste on a contesté l'existence [1], n'allait pas

---

1. Voy. A. Bonnardot, *Dissertations archéologiques sur les anciennes enceintes de Paris*, p. 9 et suiv.

si loin. Elle commençait à la hauteur de la *rue Dauphine*, et suivait à peu près la direction indiquée aujourd'hui par les *rues Saint-André-des-Arts, Hautefeuille, Pierre-Sarrazin, Dusommerard,* le *boulevard Saint-Germain* et la *rue des Grands-Degrés*. Le *palais des Thermes*, fortifié lui-même, était compris dans cette enceinte, qui renfermait encore des églises : *Saint-Julien-le-Pauvre,* par exemple, où Grégoire de Tours nous dit [1] qu'il logeait lors de ses voyages à Paris; puis *Saint-Séverin,* qui peut-être avait servi d'abord de chapelle aux empereurs chrétiens, hôtes du palais des Thermes. Au delà de l'enceinte se dressait le *château de Hautefeuille,* dont le nom indique la position; trois abbayes : *Saint-Germain-des-Prés, Sainte-Geneviève* et *Saint-Victor;* les églises *Saint-Médard* et *Saint-Hilaire; Saint-Etienne-des-Grès,* voisine du *Pressoir* royal; *Notre-Dame-des-Champs* ou *des Vignes,* construite au milieu d'un ancien champ de sépultures; *Saint-Benoît,* qui avait remplacé un autel consacré à Bacchus, et *Saint-Marcel,*

---

1. *His diebus, Parisius adveneram, et ad basilicam beati Juliani metatum habebam.* Gregorius Turonensis, *Historia Francorum,* lib. IX, cap. VI.

bâtie sur une éminence nommée *Mons Cetardus*, d'où est, dit-on, venu le mot *Mouffetard*.

Sur la rive droite, le mur d'enceinte commençait un peu plus haut que la *rue du Pont-Neuf* actuelle, et suivait ensuite la direction de la *rue de Rivoli*; il passait ainsi au nord de Saint-Jacques-la-Boucherie, puis devant Saint-Gervais, et rejoignait la Seine un peu au-dessus de la *place de Grève*. Hors de l'enceinte apparaissaient, au milieu de vastes espaces en culture, *Saint-Médéric* ou *Saint-Merry*; *Saint-Martin-des-Champs*, qui semblait une forteresse derrière sa ceinture de murailles garnies de tourelles; *Saint-Nicolas-des-Champs*; *Saint-Magloire*, située sur la chaussée qui conduisait de Paris à Saint-Denis; *Saint-Laurent*; *Saint-Lazare* ou *Saint-Ladre*, où l'on soignait les lépreux. Autour de chacune de ces églises se groupaient quelques maisons, petits centres de population désignés par des noms distincts : le *Beau-Bourg*, le *Bourg-l'Abbé*, le *Bourg-Thiboust*, dont les rues actuelles de *Beaubourg*, *Bourg-l'Abbé* et *Bourtibourg* rappellent la situation ; les *Champeaux* où devait plus tard s'élever l'église *Saint-Eusta-*

che; *la Ville-l'Evesque*, où l'évêque de Paris possédait une ferme; le *Louvre* enfin, petit castel fortifié qui appartenait au roi.

On comptait dans les faubourgs de Paris environ cent cinquante rues et une trentaine dans la Cité; mais l'imagination peut à peine se représenter aujourd'hui l'aspect qu'elles offraient. Point de pavé, un sol inégal, détrempé, boueux, sans cesse couvert de gravois et d'ordures; aucune pente régulière, aucun moyen d'écoulement pour les eaux ménagères, qui y croupissaient, mêlées aux plus repoussantes immondices. Impraticable en hiver pour les chariots, ce sol imprégné de dépôts fétides, exhalait en été d'épaisses et nauséabondes vapeurs, qui montaient lourdement entre les habitations, encore contruites en bois, revêtues d'un toit plat, et si rapprochées que, d'un côté de la rue à l'autre, les voisins, accoudés à leur fenêtre, pouvaient causer familièrement. Les oies, les lapins, les pigeons, les canards, les porcs pataugeaient autour des tas d'ordures et des mares infectes, et disputaient le passage aux habitants. En 1131, l'héritier présomptif de la couronne de France, Philippe, fils aîné de Louis le Gros, suivant à cheval la *rue du*

Martroi [1], alors *rue Saint-Jean*, fut renversé par un des cochons qui encombraient l'étroite chaussée, et mourut des suites de cette chute [2].

On n'avait eu jusque-là nul souci de l'assainissement de la capitale. Sans doute, quelques ordonnances relatives à l'hygiène publique et à la voirie avaient été rendues par les prévôts royaux, mais elles ne reçurent pas même un commencement d'exécution.

1. Elle a été supprimée en 1837. Elle se terminait sous une arcade que remplaça la grande porte qui, sous l'Empire, conduisait aux appartements particuliers du préfet de la Seine.

2. *Hunc* (Philippum) *in Parisiis equitantem, in medio vico Sancti Johannis porcus anticipavit, per quem equus ejus cespitans cecidit ; ipse vero sub equo collisus expiravit.* Joh. Iperius, *Chronica Sithiensis*, dans le *Recueil des historiens des Gaules*, t. XIII, p. 469.

II.

Avec la fin du douzième siècle, et surtout avec le règne de Philippe-Auguste, s'ouvre une des périodes les plus intéressantes de l'histoire physique de Paris.

Philippe-Auguste se préoccupa avant tout de l'alimentation. Il y avait déjà à Paris plusieurs marchés : le plus ancien de tous, situé dans la *rue de la Juiverie*, au centre de la Cité, était destiné à la vente du blé; un autre se tenait, depuis Louis le Jeune, sur la *place de Grève;* un troisième avait été créé par Louis le Gros sur un terrain appelé *les Champeaux* (*Campelli,* petits champs), où sont aujourd'hui établies les *Halles centrales*[1]. C'est ce dernier que Philippe-Auguste, en 1183, agrandit et réorganisa. Il y fit construire deux grandes halles, protégées par un solide mur de clôture, autour duquel s'élevaient de nombreux étaux couverts[2]. Chaque branche de commerce y avait sa section particulière; et l'on y vit bientôt, le samedi surtout, affluer les objets de consommation et les acheteurs.

Saint Louis élargit ce marché; il y ajouta deux pavillons destinés au commerce des draps, et permit aux lingères et aux fripiers d'étaler leurs marchandises sous des « auvents

[1]. L'emplacement contigu, où l'on ouvrit plus tard le *marché* (aujourd'hui *square*) *des Innocents*, était alors occupé par l'église et le cimetière de ce nom.
[2]. « En l'an de l'incarnation MCLXXXIII... il fist faire en une place qui est apelée Champiaus dui granz hales où li marcheant peussent estre quant il plovroit, et vendre leur danrées plus netement; clorre le fist et bien fermer pour ce que les marcheandises qui là demoroient par nuit peussent estre gardées sauvement. Par defors fist faire loges et estaus; pardesus les fist bien covrir, que se il plovoit que on ne laissast pas pour ce à marcheander, et pour ce maesmement que li marcheant n'eussent domage par la pluie. » *Chroniques de Saint-Denis*, livre I, dans le *Recueil des historiens des Gaules*, t. XVII, p. 354. Voyez aussi, page 11, le récit de Rigord.

attachez à crochets » contre les murs du cimetière des Innocents [1], qui limitait les Champeaux à l'est. Philippe le Long fit élever au même endroit une nouvelle halle pour les cordonniers et les peaussiers. Le souvenir de ces divers établissements se conserva dans les noms des rues qui avoisinaient encore les Halles il y a une vingtaine d'années, *rues de la Lingerie, de la Cordonnerie, de la Grande et de la Petite-Friperie*, etc.; mais ce n'étaient sans doute encore, au treizième siècle, que des allées plus ou moins étroites, qui permettaient de communiquer d'une halle à l'autre.

Trois grandes foires périodiques augmentaient encore l'activité commerciale de Paris : la foire Saint-Ladre, que Philippe-Auguste venait de transférer aux *Champeaux*; la foire Saint-Germain, qui avait lieu dans le bourg de ce nom, et à peu près sur l'emplacement du *marché Saint-Germain* actuel; enfin, la foire du Lendit, la plus célèbre et la plus importante des trois. Elle durait quatorze jours, du 11 au 24 juin, et se tenait dans la vaste plaine Saint-Denis. Ce rendez-vous général du commerce et de l'industrie a eu le

---

1. Voy. J. Dubreul, *Théâtre des antiquitez de Paris* (édit. de 1639), p. 628.

privilége d'inspirer un poëte du treizième siècle, dont nous reproduisons l'œuvre plus loin [1]. Il débute ainsi :

> En l'ouneur de marchéandie
> M'est pris talent que je vous die,
> Se il vous plaist, un nouvel dit.
> Bonne gent, ce est du Lendit,
> La plus roial Foire du monde,
> Si con Diex l'a fait à la ronde,
> Puis que g'i ai m'entencion.

Le roi, qui prélevait un droit sur les étalages, forçait tous les marchands de Paris de prendre part à cette foire; ils s'y rendaient en procession, précédés du clergé de Notre-Dame, qui en faisait solennellement l'ouverture [2] :

> Premerain la pourcession
> De Nostre Dame de Paris
> Y vient. Que Dieu gart de péris
> Tous les bons marcheans qui y sont,
> Qui les granz richesces y ont !
> Que Diex les puist tous avancier !

Toutes les villes manufacturières de France, et plusieurs cités opulentes de la Flandre, Gand, Ypres, Malines et Bruxelles entre autres, y envoyaient leurs produits les plus esti-

1. Voy. plus bas *le Dit du Lendit rimé*.
2. Voy. l'abbé Lebeuf, *Histoire du diocèse de Paris*, t. III, p. 246 et suiv.

més. Les baladins, les ménétriers, les mimes, les bouffons, les jongleurs, rassemblaient autour d'eux, du matin au soir, une multitude de curieux de tout âge et de tout rang. L'Université se transportait chaque année en grande pompe à la foire du Lendit pour y acheter sa provision de parchemin, et il était interdit d'en vendre avant que le recteur eût arrêté son choix. Les écoliers, formés en cavalcades tumultueuses, se rassemblaient sur la *place Sainte-Geneviève*, et traversaient Paris deux à deux, au bruit des fifres et des trompettes.

La corporation des bouchers, alors très-nombreuse et très-puissante, n'était pas représentée aux *Champeaux*. De temps immémorial, les bouchers formaient une communauté et même une classe distincte dans la bourgeoisie. Leurs étaux, qu'ils se transmettaient de mâle en mâle, restaient installés dans des endroits désignés par le prévôt. Ce fut d'abord au *Parvis Notre-Dame*, près de l'église Saint-Pierre-aux-Bœufs. Un second établissement, dit Boucherie de la Porte de Paris ou Grande Boucherie, fut ensuite créé vis-à-vis du Grand-Châtelet (*place du Châtelet* actuelle), et donna son nom au quartier *Saint-Jacques-la-Boucherie*; elle renfermait vingt-cinq étaux en

1182, quand Philippe-Auguste permit l'érection des boucheries du Temple. En retour, le roi accorda aux bouchers de la Porte de Paris l'autorisation de vendre du poisson. C'est de cette époque que date l'origine de la plupart des petites rues qui avoisinaient le Grand-Châtelet, et dont les noms rappelèrent longtemps le commerce de la viande et du poisson. Citons entre autres les *rues de la Tuerie, de la Triperie, du Pied-de-Bœuf, de la Vieille-place-aux-Veaux, Saint-Jacques-de-la-Boucherie, la cour aux bœufs;* puis les *rues Pierre-à-poisson, des Trois-Poissons, de la Petite-Poissonnerie, de la Vieille-Harangerie,* etc.

A la fin du siècle, en 1274, Gérard Moret, abbé de Saint-Germain-des-Prés, ouvrit une nouvelle boucherie de seize étaux qui s'étendit des deux côtés de « la ruë par où l'on va de l'église Saint-Germain à la porte de Paris[1], près des Frères-Mineurs[2]. » Cette voie prit alors le nom de *rue de la Boucherie* ou *rue des*

1. La *porte Saint-Germain.*
2. Le couvent des Cordeliers, situé en face de l'Ecole de médecine actuelle. — Les lettres patentes que nous venons de citer sont reproduites dans Félibien, *Histoire de Paris,* pièces justificatives, t. III, p. 488.

Boucheries, qu'elle a conservé jusqu'en 1846, époque où elle fut réunie à la *rue de l'Ecole-de-Médecine*, dont elle était la continuation.

Les bouchers se fournissaient à deux marchés, exclusivement consacrés à la vente des bestiaux sur pied ; ils achetaient les bœufs et les cochons aux *Champeaux*, et les moutons dans un pré situé au delà du Louvre, sur le bord de la Seine.

Rigord, médecin de Philippe-Auguste et historien de son règne, nous apprend qu'en 1185 ce prince s'étant mis un jour à la fenêtre de son palais [1] (le *palais de Justice* actuel), au moment où passaient des chariots, fut suffoqué par l'odeur qui s'exhalait de la boue dans laquelle les roues enfonçaient. Il convoqua aussitôt le prévôt et les bourgeois, et leur ordonna de faire paver avec de durs carreaux

---

1. L'origine du *palais de la Cité* est très-obscure. Les premiers rois mérovingiens y habitaient lors de leurs courts séjours à Paris. Agrandi par les maires du palais sous les rois fainéants, il fut ensuite fortifié par Eudes. Hugues Capet, après son avénement à la couronne, abandonna le palais des Thermes et se fixa dans celui de la Cité. Robert le fit reconstruire en partie. Tous ses successeurs, jusqu'à Charles V, l'habitèrent, et presque tous y moururent. C'est vers 1370 que Charles V le quitta pour aller s'installer au Louvre.

de pierre toutes les rues de la ville [1]. Voici en quels termes cet événement est raconté par les *Chroniques de Saint-Denis*, qui ne font ici que traduire presque littéralement la chronique de Rigord : « Apres ce que li Rois fut retornez à Paris, il sejorna ne sai quanz jors. Une heure aloit par son palais pensant à ses besoignes, come cil qui moult estoit curieus de son roiame maintenir et amender. Il s'apuia à une des fenestres de la sale, à laquelle il s'apuioit aucunes foiz pour Saine regarder et pour avoir recreation de l'air. Si avint en ce point que charetes que on charioit parmi les rues, esmurent et toouillierent si la boue et

---

[1]. *Factum est autem post aliquot dies, quod Philippus Rex semper Augustus Parisius aliquantulum moram faciens, dum sollicitus pro negotiis regni agendis in aulam regiam deambularet, veniens ad palatii fenestras, unde fluvium Sequanæ pro recreatione animi quandoque inspicere consueverat, rhedæ equis trahentibus per civitatem transeuntes, fœtores intolerabiles lutum revolvendo procreaverunt. Quod Rex in aula deambulans ferre non sustinens, arduum opus, sed valde necessarium, excogitavit, quod omnes prædecessores sui ex nimia gravitate et operis impensa aggredi non præsumpserant. Convocatis autem burgensibus cum præposito ipsius civitatis, regia auctoritate præcepit quod omnes vici et viæ totius civitatis Parisii duris et fortibus lapidibus sternerentur.* Rigord, *Vita Philippi Augusti*, dans le *Recueil des Historiens des Gaules*, t. XVII, p. 16.

l'ordure dont ele estoient plaines, que une puors en issi si granz que à peines la peust nus soufrir; si monta jusques à la fenestre où li Rois seait. Quant il senti cele puor si corrompue, il s'entorna de cele fenestre en grant abomination de cuer : pour cele raison conçut-il en son corage à faire une grant ovre et somptueuse, mais moult necessaire, tele que tuit si devancier n'oserent ainques enprendre ne comencier pour les granz couz que à cele ovre aferoient. Lors fist mander le presvost et les borjois de Paris, et leur commanda que toutes les rues et les voies de la cité fussent pavées bien et soinieusement de grez gros et fort [1]. »

C'était, bien entendu, aux frais de la ville que devait se faire cette dépense. Corrozet se trompe donc quand il parle de « certains deniers que le roy feit delivrer [2]. » Mézeray, plus exact en ce point, nous dit que les bourgeois s'empressèrent d'obéir aux ordres de Philippe-Auguste, et il ajoute naïvement : « Ils l'eussent fait avec bien plus de joye, si ce n'eust pas esté à leurs dépens [3]. » On prétend

---

1. *Recueil des Historiens des Gaules*, t. XVII, p. 358.
2. *Les Antiquitez de Paris*, p. 64.
3. *Abrégé chronologique de l'histoire de France*, t. I, p. 496.

cependant qu'un des financiers de l'époque, nommé Gérard de Poissy, voulut fixer lui-même sa cotisation à onze mille marcs d'argent; mais le fait est très-douteux.

Ce pavage, qui paraît avoir été exécuté avec soin, ne s'étendit qu'au commencement des *rues Saint-Denis* et *Saint-Jacques*, et à ce que l'on appelait la *croisée* de Paris, c'est-à-dire à deux voies un peu plus larges que les autres, dont l'une suivait la direction de la *rue Saint-Honoré* actuelle, tandis que l'autre traversait la Cité et servait de trait d'union entre les deux ponts [1]. Le reste de la ville ne fut pavé que successivement, et la moitié au moins de Paris ne l'était pas encore sous Louis XIII. Guillaume le Breton rapporte qu'on se servit pour ce travail de « pierres carrées [2]; » et cette assertion a été confirmée par l'abbé Lebeuf, qui retrouva au bas de la *rue Saint-Jacques*, à huit pieds sous terre, plusieurs traces de ce pavage primitif; il était composé de fortes dalles, qui mesuraient de

---

1. Le *Petit-Pont*, qui a conservé ce nom, et le *Grand-Pont*, aujourd'hui *Pont au Change*.
2. *Fecit omnes vicos quadratis lapidibus pavimentari.* Guillelmus Armoricus, *de gestis Philippi Augusti*, dans le *Recueil des Historiens des Gaules*, t. XVII, p. 67.

trois à quatre pieds en long et en large, et étaient épaisses d'un demi-pied environ [1].

Une œuvre plus considérable, qui devait coûter vingt ans de travaux continus, et qui reçut une exécution complète, fut entreprise par Philippe-Auguste en 1190, avant son départ pour la Palestine.

Paris, étouffé dans son étroite enceinte, l'avait depuis longtemps franchie, détruite même presque partout; et les faubourgs, devenus plus peuplés que la vieille ville, eussent été, en cas d'attaque, dépourvus de remparts. Le roi ordonna donc qu'une nouvelle clôture, composée d'une muraille épaisse et flanquée de portes et de tourelles, serait construite pour protéger les quartiers situés sur les deux rives de la Seine [2].

---

1. Lebeuf, *Dissertations sur l'histoire ecclésiastique et civile de Paris*, t. I, p. 85.

2. *Præcepit etiam civibus Parisiensibus, quod civitas Parisii, quam rex multum diligebat, muro optimo cum tornellis decenter aptatis et portis diligentissime clauderetur. Quod brevi temporis elapso spatio* [pour cette époque] *completum vidimus.* Rigord, *Gesta Philippi Augusti*, anno MCXC; dans le *Recueil des Historiens des Gaules*, t. XVII, p. 31.

« Li Rois commanda aus borjois de Paris que la Cité qu'il avoit si chiere, fust toute fermée de hauz murz et forz, et de torneles tot en tor bien assises et

Les travaux commencèrent aussitôt sur la rive droite [1]. Le plan en avait été sagement conçu, et voici le tracé qui fut suivi; nous indiquerons les limites de l'enceinte par les noms modernes, afin qu'on puisse en suivre le développement sur les plans du Paris actuel.

Elle commençait au *quai,* un peu en amont du *Pont des Arts.* A ce point de départ s'élevait une grosse tour, dite la *tour du Louvre* ou la *tour qui fait le coin.* La muraille traversait la *cour du Louvre,* partageait en deux le *temple de l'Oratoire* dans toute sa longueur, et prenant la direction de la rue *Jean-Jacques-Rousseau,* aboutissait dans la *rue Montmartre* au-dessus de la *rue du Jour.* Elle suivait alors la *rue Mauconseil* et la *rue aux Ours* jusqu'à l'angle de la *rue*

---

bien ordenées, et de portes hautes et forz et bien defensables : ce que il commanda fust parfait et accompli en poi de tens apres. » *Chroniques de Saint-Denis,* liv. II; dans le *Recueil des Historiens des Gaules,* t. XVII, p. 372.

1. *De mandato Regis Philippi, quod in recessu suo dederat, erecti sunt muri in circuitu civitatis Parisiacæ a parte boreali usque ad fluvium Sequanæ, cum turellis et portis, decentissime aptatis.* Guillelmus Armoricus, *De gestis Philippi Augusti,* an. 1190; dans le *Recueil des Historiens des Gaules,* t. XVII, p. 70.

Grenier-Saint-Lazare; puis s'infléchissait à droite, de manière à gagner la *rue Rambuteau*, qu'elle traversait à la hauteur du *passage Pecquay*. Elle gagnait ensuite le milieu de la *rue Sévigné;* là, elle faisait brusquement un angle presque droit, coupait la *rue Saint-Antoine*, traversait le *collége Charlemagne*, et côtoyant la *rue des Jardins*, se terminait à la *Seine* un peu au-dessus du *Pont-Marie*, par une tour ronde dite la *tour Barbeau, Barbeel-sur-l'Eau,* ou comme celle du Louvre, *la tour qui fait le coin.*

Ce grand circuit était percé de quatorze portes ou poternes, dont les anciens plans indiquent la position. C'étaient, sans compter les deux grosses poternes d'angle que nous avons citées :

La PORTE SAINT-HONORÉ, située *rue Saint-Honoré,* devant le portail du *temple de l'Oratoire.*

La PORTE AU COQUILLIER ou COQUILLIÈRE, située *rue Coquillière,* entre la *rue du Jour* et la *rue Jean-Jacques-Rousseau.*

La PORTE MONTMARTRE, située *rue Montmartre,* entre la *rue du Jour* et la *rue Jean-Jacques-Rousseau.*

La POTERNE AU COMTE D'ARTOIS, située *rue*

Montorgueil, à la hauteur de l'*impasse de la Bouteille*.

La Porte Saint-Denis, située *rue Saint-Denis*, à la hauteur de l'*impasse des Peintres*.

La Poterne Bourg-l'Abbé, située *boulevard de Sébastopol*, un peu au-dessus de la *rue aux Ours*.

La Porte Saint-Martin, située *rue Saint-Martin*, à la hauteur de la *rue Grenier-Saint-Lazare*.

La Poterne Huideron ou Beaubourg, située *rue Beaubourg*, à la hauteur de *l'impasse Beaubourg*.

La Porte du Temple, située *rue du Temple*, à la hauteur du *passage Sainte-Avoye*.

La Poterne du Chaume, située *rue du Chaume*, à la hauteur de la *rue de Paradis*.

La Porte Barbette, située *rue Vieille-du-Temple*, presque à la hauteur de la *rue des Francs-Bourgeois*.

La Porte Saint-Antoine, située *rue Saint-Antoine*, à la hauteur du *collége Charlemagne*.

La Poterne Saint-Paul, située *rue Charlemagne*, à la hauteur de la *rue des Jardins*.

La Porte des Barrés, située *rue de l'Ave-Maria* (ancienne *rue des Barrés*), à la hauteur de la *rue des Jardins*.

Environ douze ans après l'achèvement de l'enceinte de la rive droite on commença la construction de celle qui devait protéger la rive gauche, et qui ne fut achevée qu'en 1211 [1]. Suivant un devis extrait d'un registre de Philippe-Auguste, chaque toise du mur revint à cent sous [2], et la dépense totale fut supportée par les bourgeois de Paris.

Cette enceinte commençait à la grosse *tour de Nesle,* et traversait les trois cours de l'*Institut* dans toute leur longueur. Elle coupait ensuite la *rue Guénégaud,* le *passage Dau-*

---

[1]. *Philippus rex magnanimus totum Parisius in circuitu circumsepsit a parte australi usque ad Sequanam fluvium ex utra parte...* Rigord, *Gesta Philippi Augusti,* anno 1211; dans le *Recueil des Historiens des Gaules,* t. XVII, p. 85.

Philippus rex Parisius urbem ampliavit a parvo ponte usque ultra abbatiam regularium canonicorum Sanctæ Genovefæ, hortos et campos a dextris et a sinistris in circuitu muris fortissimis præcingens. Guillaume de Nangis, *Chronica,* anno MCCXI; dans le *Recueil des Historiens des Gaules,* t. XX, p. 755.

[2]. *Centum solidos pro unaquaque tesia.* Voy. Ponamy, dans les *Mémoires de l'Académie des Inscriptions,* t. XXXII, p. 801.

phine et la *rue Dauphine*, suivait la direction de la *rue Mazet* et du *passage du Commerce*, et aboutissait dans la *rue de l'Ecole-de-Médecine* à l'endroit où se trouve aujourd'hui une fontaine. Elle adoptait alors en ligne droite le tracé de la *rue Monsieur-le-Prince* jusqu'à la *place Saint-Michel*, traversait le *boulevard Saint-Michel* entre la *rue Cujas* et la *rue Soufflot*, qu'elle coupait en biais de manière à gagner à droite le débouché de la *rue Saint-Jacques*. Suivant ensuite la direction de la *rue de la Vieille-Estrapade* jusqu'à la *rue Thouin*, elle tournait brusquement à gauche, traversait la *rue Descartes*, et côtoyant la *rue des Fossés-Saint-Victor* et la *rue des Fossés-Saint-Bernard*, elle retrouvait la *Seine* au point de rencontre de la *rue des Fossés-Saint-Bernard* et du *boulevard Saint-Germain*. Là, une grosse porte dite *la Tournelle* faisait pendant à la *tour Barbeau*.

Dans cette enceinte s'ouvraient neuf portes :

La Porte de Nesle, située sur l'emplacement qu'occupe aujourd'hui le large perron de pierre qui conduit à la *bibliothèque Mazarine* (Institut).

La Porte de Buci, située à l'endroit où

la *rue Mazet* rencontre la *rue Saint-André-des-Arts*.

La Porte Saint-Germain, située *rue de l'Ecole-de-Médecine*, presque à l'angle de la *rue Larrey*, un peu au-dessous de l'endroit où se trouve aujourd'hui une fontaine.

La Porte Gibert ou Porte Saint-Michel, située sur le *boulevard Saint-Michel*, entre la *rue Cujas* et la *rue Soufflot*.

La Porte Saint-Jacques, située à l'endroit où la partie méridionale de la *rue Saint-Jacques* débouche dans la *rue Soufflot*.

La Porte Sainte-Geneviève ou Porte Papale, située au commencement de la *rue d'Ulm*.

La Porte Saint-Marcel, située *rue Descartes*, à la hauteur de la *rue Thouin*.

La Porte Saint-Victor, située *rue Saint-Victor*, à peu près à la hauteur de la *rue d'Arras*.

La Porte Saint-Bernard, située presque à l'endroit où le *boulevard Saint-Germain* rencontre la *rue des Fossés-Saint-Bernard*.

L'enceinte consistait en deux gros murs reliés entre eux par un blocage de moellons mêlés à du ciment; les faces des deux murs de soutien étaient formées de pierres équarries et mesurant en moyenne vingt-sept centimètres carrés. Les fondations reposaient sur un massif de cailloux réunis par un ciment dur et ferme. Ces solides murailles avaient environ trois mètres d'épaisseur et neuf mètres de hauteur, en comptant le chaperon et le parapet. De distance en distance, et espacées de soixante-dix mètres environ, s'élevaient de petites tours, dites *tournelles*, noyées dans le mur, et le débordant en dehors de deux mètres environ ; l'intérieur, de forme circulaire, avait environ quatre mètres de diamètre ; toutes étaient crénelées et recouvertes d'une plate-forme [1] reposant sur une voûte solide. Les tours qui fortifiaient les portes se composaient de deux étages, leur diamètre était à peu près le même, mais elles avaient quinze à seize mètres de hauteur. Les quatre tours qui formaient tête d'enceinte faisaient seules exception : la tour de Nesle, par exemple, véritable donjon, avait trois étages voûtés, vingt-cinq mètres de hauteur et dix mètres de diamètre.

A l'extérieur, régnait autour du mur un

---

[1]. Elle fut plus tard remplacée par un toit conique.

chemin de ronde, que des constructions finirent peu à peu par envahir. Au dedans de l'enceinte, le seul chemin de ronde était sans doute la plate-forme crénelée du mur, car un grand nombre de couvents et de propriétés particulières avaient pour limite la muraille.

L'enceinte de la rive gauche fut, mais au siècle suivant seulement, protégée au dehors sur tout son parcours par des fossés.

Ces fortifications étaient aussi utilisées pour la défense de la Seine. De la *tour de Nesle* à la *tour du Louvre*, et de *la Tournelle* à la *tour Barbeau* s'étendait une grosse chaîne de fer, qui, reposant sur des bateaux fixés eux-mêmes à des pieux énormes, interdisait à volonté le passage du fleuve. Mais entre *la Tournelle* et la *tour Barbeau* était interposée *l'île Notre-Dame* (aujourd'hui *île Saint-Louis*), et le partage de la Seine en deux bras exigeait une double chaîne à cet endroit; Philippe-Auguste, pour compléter sa clôture, fit élever dans l'île une muraille fortifiée, à peu près parallèle à la *rue Poulletier* actuelle.

La nouvelle enceinte avait considérablement agrandi Paris. La superficie de la *Cité*, telle qu'elle était au temps des Capétiens, est évaluée à trente hectares environ, et on a calculé que l'enceinte de Philippe-Auguste renfermait trois cent quarante-neuf hectares soixante et un ares [1].

Mais, surtout sur la rive gauche, on rencontrait encore de vastes espaces sans habitations, des cultures, des vignobles, des jardins et des terres en friche : « En celle année (1211), disent les *Chroniques de Saint-Denis*, fist li Rois Phelippe clore de murs la cité de Paris de vers le miedi jusques à l'iaue de Saine, si largement que on a ceint dedenz la closture des murs les chans et les vignes; puis commanda que on feist maisons et habitations par-tout, et que on les louast aus genz pour manoir, si que toute la citez semblast plaine jusques aus murs [2]. » Ce n'est pourtant pas sous le règne de Philippe-Auguste que s'accomplit ce grand travail de constructions; il fut plutôt l'œuvre du zèle religieux de saint Louis, qui établit sur la rive gauche des colléges et de nombreux couvents : les Carmes

---

1. H. Géraud, *Paris sous Philippe le Bel*, p. 471. A la page suivante on a imprimé par erreur 394 au lieu de 349.

2. *Chroniques de Saint-Denis*, liv. II, dans le *Recueil des Historiens des Gaules*, t. XVII, p. 398.

(*place Maubert*), les Chartreux (*Jardin du Luxembourg*), les frères Sachets (*quai des Augustins*), les Bernardins (*quai de la Tournelle*), les Prémontrés (*rue de l'Ecole-de-Médecine*), la Sorbonne, les colléges de Cluny, de Calvi, du Trésorier (*place de la Sorbonne*), etc., etc.

La population s'était accrue dans la même proportion que le territoire. La petite Lutèce renfermait, au temps de la conquête de César, environ six mille habitants [1], et Paris, à la fin du treizième siècle, comptait, suivant les ingénieux calculs de M. H. Géraud, environ deux cent quinze mille habitants [2].

Il est plus facile de déterminer le nombre des rues. La Taille levée en 1292 en énumère environ trois cent cinquante, sans compter dix places et onze carrefours ; nous en donnons plus loin la nomenclature. Mais ces chiffres ne sont pas d'une exactitude rigoureuse. Si l'on compare la Taille de 1292 à celle de 1313, par exemple, on voit que, dans toutes deux, un certain nombre de rues ont été omises par les

---

1. A. Bonnardot, *Dissertations archéologiques sur les anciennes enceintes de Paris*, p. 3.
2. H. Géraud, *Paris sous Philippe le Bel*, p. 472 et 478.

percepteurs. Il ne faut pas oublier qu'à cette époque, la division était fort arbitraire; certaines voies tracées en ligne droite portaient sur leur parcours trois ou quatre dénominations différentes, sans que rien indiquât bien nettement à quel endroit devait avoir lieu le changement de nom [1]. Beaucoup d'autres n'avaient pas encore de dénomination bien arrêtée et connue en dehors du quartier; nous les trouvons désignées, soit par le nom des propriétaires dont les maisons occupaient chacune des extrémités : « En celle parroisse, de la méson feu mestre Estienne du Guet, jusques à la méson où demeure mestre Rogier du Chastelet ; » soit par leur situation : « La ruèle qui va à Sainne, devant la méson Jehan Cheval, » ou encore : « La rue à commencier aus Agustins, et à venir outre la porte. »

L'aspect de ces rues était, d'ailleurs, toujours à peu près le même. Cependant, à cette époque, un fonctionnaire spécial nommé voyer avait été chargé de surveiller la voirie urbaine. Jean Sarrazin, voyer de Paris sous Louis IX

---

[1]. C'est sous Louis XV seulement, en 1728, que l'on commença à inscrire le nom des rues à l'angle de chacune d'elles. Voy. A.-F., *la Voirie et l'hygiène publique à Paris, depuis le XIIe siècle*, p. 69 et suiv.

et Philippe III, venait même de dresser (1270) un état en treize articles[1], résumant les devoirs et les prérogatives attachés à ses fonctions. On y apprend que le voyer était exempt de la taille et du guet[2]; il prélevait une redevance sur la vente du poisson et de la viande; il exerçait haute et basse justice sur les moulins de Mibray et sur ceux du Petit-Pont, et il rendait ses jugements au Châtelet. On ne pouvait sans son autorisation ouvrir ni fermer une rue, en modifier l'alignement ou la direction, poser de nouvelles saillies ou changer les anciennes, établir des étaux pour la vente des denrées, exhausser une maison, construire un balcon, en un mot exécuter aucune réparation, aucun ouvrage nouveau sur un point quelconque de la ville.

Tout ceci, au reste, demeura bien longtemps encore à l'état de théorie, et nous traverserons plus d'un siècle avant de rencontrer un voyer qui ait su imposer son autorité à la population parisienne.

En principe, le roi seul avait droit de voirie dans Paris et dans la banlieue, à l'exception

---

[1]. On le trouve dans Félibien, *Histoire de Paris*, pièces justificatives, t. IV, p. 309.
[2]. Voy. plus loin, p. 102 et suiv.

toutefois des lieux où l'évêque possédait toutes les maisons des deux côtés de la rue ; mais si une seule de ces maisons appartenait au roi, l'évêque perdait son droit, car il était établi que le roi ne partageait avec personne.

L'architecture religieuse, déjà en progrès au XIIe siècle, avait continué dans cette voie, et le genre dit gothique était arrivé à son apogée. Le clergé employait ses richesses immenses à construire des églises et à les décorer avec magnificence. Les chefs-d'œuvre de l'art gothique, la *Sainte-Chapelle du Palais* et celle de *Vincennes* datent de la fin du siècle ; mais déjà Paris pouvait admirer comme monuments contemporains les églises de *Saint-Etienne-du-Mont*[1], sur la montagne Sainte-Geneviève ; *Saint-André-des-Arts*, démolie en 1790, et qui est devenue la place du même nom ; *Saint-Côme et Saint-Damien*[2], à l'angle de la *rue de la Harpe* et de la *rue de l'Ecole-de-Médecine* ; *Saint-Honoré*[3], dont l'emplacement est occupé aujourd'hui par la *rue Montesquieu* et l'ensemble de passages encore appelé *cloître Saint-Honoré* ; *Saint-*

1. Reconstruite sous François Ier.
2. Supprimée en 1790, démolie en 1835.
3. Démolie en 1792.

Jean-en-Grève, qui fut détruite en 1838 pour agrandir l'*hôtel de ville*; *Saint-Thomas-du-Louvre*, devenue *Saint-Louis-du-Louvre* et démolie en 1811; *Saint-Sulpice*, reconstruite au dix-septième siècle; *Saint-Symphorien*, dont on vient de retrouver les ruines dans les caves du magasin de *la Belle Jardinière*; *Sainte-Madeleine*, dans la Cité, démolie en 1789; des *Mathurins*, rebâtie au quinzième siècle ; de l'abbaye *Saint-Antoine-des-Champs*, aujourd'hui *hôpital Saint-Antoine*, etc., etc. Cependant les habitations particulières restaient laides et incommodes, dépourvues d'air et de lumière, mal distribuées à l'intérieur et d'un aspect misérable au dehors. Le lit était le principal ornement du logis; un bahut, un buffet, une armoire, un chandelier de fer, une table et quelques escabelles complétaient le mobilier des classes inférieures. Un poêle, commun à toute la famille, parfois même à plusieurs, n'était guère allumé qu'au moment du dîner, qui se servait à dix heures, et du souper qui avait lieu à quatre heures en hiver et à cinq heures en été; à huit heures, la cloche de l'église voisine sonnait l'*Angelus*, signal du coucher. Nous trouverons au siècle suivant quelques riches demeures à décrire; mais jusque-là, les palais royaux eux-mêmes furent fort pauvrement meublés; la propre chambre du monarque était jonchée de paille, et au mois de mars 1208, Philippe-Auguste accorda à l'Hôtel-Dieu, par lettres-patentes, toute la paille qui garnissait sa chambre et sa maison de Paris, *omne stramen de camera et domo nostra Parisiensi*[1], chaque fois qu'il quitterait cette ville pour aller séjourner ailleurs.

Le seul luxe que se permissent, même les plus riches seigneurs, était celui des vêtements. L'amour de la magnificence et le goût des parures, rapportés d'Orient à la suite des Croisades, avaient été aussitôt exagérés par toute la cour, que la bourgeoisie s'efforçait d'imiter. C'est là, en grande partie, l'origine de l'étrange ordonnance somptuaire rendue par Philippe le Bel en 1294, et où l'on trouve ces articles :

« 1º Nulle bourgeoise n'aura char.

« 2º Nul bourgeois, ne bourgeoise ne portera vair, ne gris, ne ermines, et se delivreront de ceux qu'ils ont, de Pâques prochaines

---

[1]. *Lettres-patentes*, dans Félibien, *Histoire de Paris*, pièces justificatives, t. III, p. 249.

en un an. Ils ne porteront or, ne pierres précieuses, ne couronnes d'or ne d'argent.

« 4º Li duc, li comte, li baron de 6,000 livres [1] de terre, ou plus, pourront faire quatre robes par an, et non plus, et les femmes autant.

« 8º Chevalier qui aura 3,000 livres de terre, ou plus, ou li bannerets, pourra avoir trois paires de robes par an, et non plus; et sera l'une de ces trois robes pour esté...

« 11º Garçons n'auront qu'une paire de robes l'an.

« 12º Nulle Damoiselle, si elle n'est chastellaine ou dame de 2,000 livres de terre, n'aura qu'une paire de robe par an.

« 14º Nul ne donra, au grand mangier que deux mets et un potage au lard, sans fraude ; et au petit mangier, un mets et un entremets. Et se il est jeusne, il pourra donner deux potages aux harens et deux mets, ou trois mets et un potage. Et ne mettra en une escuelle que une manière de chair, une pièce tant

---

1. Un revenu de 6,000 livres au treizième siècle représente aujourd'hui environ 400,000 livres de rentes. Voy. C. Leber, *Mémoire sur l'appréciation de la fortune privée au moyen âge;* dans les *Mémoires présentés à l'Académie des inscriptions*, t. I, p. 230.

seulement, ou une manière de poisson... Et sera comptée toute grosse chair pour mets. Et n'entendons pas que fromage soit mets, se il n'est en paste ou cuit en yaue.

« 15º Nuls prélats ou barons, tant soit grans, ne puisse avoir robe, pour son corps, de plus de vingt-cinq sols tournois l'aune de Paris.

« 27º Les bourgeois de 2,000 livres tournois ne pourront faire robe de plus de dix sols tournois l'aune, et pour leurs femmes de douze sols au plus [1]. »

Inutile de dire que cette ordonnance ne fut pas exécutée longtemps.

Au son de l'*Angelus*, les marchands fermaient leurs boutiques, le travail cessait partout; le silence succédait peu à peu à l'activité bruyante du jour, et la ville entière restait plongée dans l'obscurité. Le dimanche, les magasins et les ateliers demeuraient déserts, et la population tout entière se pressait dans les églises. Après les offices religieux, les artisans, les gens de métiers, les valets, les apprentis, se réunissaient chez les bufetiers et les taverniers, les marchands de vins et les

[1]. *Ordonnances des rois de France de la troisième race*, t. I, p. 541.

gargotiers de l'époque [1] ; tandis que les bourgeois, accompagnés de leur famille, allaient se promener dans les vignes, les jardins et les courtilles qui entouraient Paris.

Le lendemain, la ville reprenait son aspect accoutumé; les artisans retournaient à leurs travaux; les marchands se retrouvaient au seuil de leurs sombres boutiques, guettant les passants et s'efforçant par mille moyens d'attirer leur attention; aussi les règlements de police leur interdisaient-ils d'appeler l'acheteur avant qu'il eût quitté la boutique voisine. Les marchandises étaient étalées devant la fenêtre, sur une tablette faisant saillie au dehors; un auvent de bois accroché en l'air protégeait les chalands contre la pluie.

En général, chaque métier était centralisé dans une même rue; tous les marchands, artisans, fabricants, logés à côté les uns des autres, exerçaient la même profession et appartenaient à la même confrérie. Voici, d'après la taille de 1292, les rues qui pouvaient devoir leur nom à des corps de métiers : la *rue de la Saunerie* [2], où habitaient quatre poissonniers, une poissonnière et une saunière; la *rue de*

---

1. Voy. ci-dessous, p. 42.
2. Devenue *rue de la Sonnerie*, puis supprimée.

la *Charronnerie*[1], avec trois charrons; la *rue aus Jugléeurs*[2], avec deux trompéeurs[3] et deux jugléeurs[4]; la *rue de la Petite-Bouclerie*[5], avec quinze boucliers[6]; la *rue de la Hiaumerie*[7], avec un hiaumier[8], sept armeuriers et deux haubergiers[9]; la *rue de la Sélerie*[10], avec vingt-cinq selliers et quatorze lormiers[11]; la *rue de la Poulaillerie*[12], avec onze poulaillers; la *rue de la Savonnerie*[13], avec trois savonniers; la *rue aux Coiffières*[14], avec deux coiffières[15]; la *rue de la Pelleterie*[16], avec quatre peletiers; la *rue des Plâtriers*, avec un plâtrier, deux maçons et un tailleur de pierres; la *rue de la Bûcherie*, avec

1. Supprimée.
2. Devenue *rue des Ménestrels*, puis supprimée.
3. Joueurs de trompette.
4. Joueurs d'instruments.
5. Aujourd'hui *rue Brisemiche*.
6. Fabricants de boucles.
7. Supprimée.
8. Fabricant de casques, dits heaumes.
9. Fabricants de hauberts ou cottes de mailles.
10. Aujourd'hui comprise dans la rue Saint-Denis.
11. Fabricants de mors pour chevaux.
12. Supprimée.
13. Supprimée.
14. Supprimée.
15. Faiseuses de coiffes.
16. Aujourd'hui le *quai aux Fleurs*.

sept bûchiers [1] ; la *rue au Fain* [2], avec deux faniers [3] et une fanière ; la *rue aux Ecrivains*, devenue au siècle suivant *rue de la Parcheminerie*, avec un écrivain et neuf parcheminiers ; la *rue de la Boucherie-Sainte-Geneviève* [4], avec huit bouchers et un tripier, etc., etc. Mais déjà, à la fin du treizième siècle, beaucoup d'industries s'étaient déplacées, et les différents métiers avaient commencé à se répandre un peu partout. On pourrait cependant citer encore, comme exemples de centralisation professionnelle : la *Bufeterie* [5], où étaient logés quatre chapeliers, cinq feutriers et deux feutrières ; la *rue des Petiz-Chans* [6], avec seize courraiers [7] ; la *rue de la Barillerie* [8], avec onze orfèvres et un seul barillier [9] ; la *rue de la Juierie* [10], avec douze talemeliers [11] ; la *rue*

1. Marchands de bois à brûler.
2. *Rue du Foin*, aujourd'hui supprimée.
3. Marchands de foin.
4. Près de la *place Maubert*.
5. Aujourd'hui *rue des Lombards*.
6. Aujourd'hui *rue Brantôme*.
7. Fabricants de courroies et de ceintures.
8. Aujourd'hui *boulevard du Palais*.
9. Fabricants de barils.
10. Aujourd'hui *rue de la Cité*.
11. Boulangers.

des Murs [1], avec quatre recouvréeurs [2], un maçon et un tailléeur de pierres; la *rue Neuve-Nostre-Dame*, avec trois libraires, deux liéeurs de livres [3] et un parcheminier; la *rue Erembourc-de-Brie* [4], avec huit enlumineurs et deux liéeurs de livres; la *rue Saint-Germain* [5], avec dix fourbéeurs [6]; la *rue de la Ferronnerie*, avec dix-huit ferpiers [7], et deux ferrons [8] seulement, etc., etc.

On va voir maintenant, par un relevé fait sur la Taille levée en 1292, quel développement avaient pris le commerce et l'industrie dans la capitale.

On comptait alors à Paris :

197 tailleurs (*tailléeurs* et *cousturiers*).

366 cordonniers (*cordoaniers, çavetiers, taconnéeurs*).

46 couturières (*cousturières*).

5 lingères (*lingières*).

70 merciers.

---

1. Aujourd'hui *rue d'Arras*.
2. Couvreurs.
3. Relieurs.
4. Aujourd'hui *rue Boutebrie*.
5. *Saint-Germain-l'Auxerrois*.
6. Fourbisseurs d'armes.
7. Fripiers.
8. Marchands de fer.

121 fripiers (*ferpiers*).

19 drapiers (fabricants ou marchands de draps).

21 gantiers.

54 chapeliers.

131 bijoutiers-joailliers (*joeliers* et *perriers*).

214 fourreurs (*peletiers*).

14 brodeurs (*broudéeurs*).

3 cardeuses de laine (*pigneresses*).

86 tisserands (*tesserans*).

11 fabricants de toiles (*teliers*).

13 marchands de laines (*laniers* et *lanéeurs*).

45 fabricants de bourses (*boursiers*).

6 faiseuses de lacets (*laceresses*).

10 fabricants d'épingles (*espinguiers*).

1 fabricant de dés à coudre (*déelier*).

16 fabricants d'aiguilles (*aguilliers*).

16 fabricants de boutons (*boutonniers*).

36 fabricants de boucles (*boucliers*).

6 batteurs d'or (*orbattéeurs*).

24 aubergistes (*osteliers*).

130 restaurateurs (*taverniers*, *queus*, etc.).

56 marchands de vins (*bufetiers*, *vinetiers* et *vendéeurs de vin.*)

37 brasseurs (*cervoisiers*).

42 bouchers (*bouchiers*).

3 tripiers.

62 boulangers (*talemeliers*).

106 pâtissiers (*oubloiers, pataiers, pastéers, gasteliers* et *eschaudéeurs*).

35 épiciers (*espiciers* et *pévriers*).

7 marchands de fritures (*fritiers*).

7 marchands de sauces préparées (*sausiers*).

12 charcutiers (*boudinniers*).

18 marchands de fromages (*fourmagiers*).

11 marchands de sel (*sauniers*).

51 marchands de volailles (*poulaillers* et *vendeurs d'oës*).

41 marchands de poissons (*poissonniers*).

10 marchands de moutarde (*moustardiers*).

17 fruitiers.

8 laitières (*leitières*).

58 porteurs d'eau (*portéeurs d'yaue*).

21 marchands de bois à brûler (*buschiers*).

16 marchands de charbon (*charbonniers*).

22 marchands de foin (*faniers*).

5 marchands de farine (*fariniers*).

43 marchands d'huiles (*uiliers*).

42 commissionnaires (*portéeurs*).

13 concierges (*portiers*).

199 femmes de chambre (*chambérières*).

151 coiffeurs (*barbiers*).
26 bains publics (*estuves*).
16 changeurs (*changéeurs*).
7 maîtres d'escrime (*escremisséeurs*).
43 blanchisseuses (*lavandières*).
17 teinturiers (*tainturiers*).
1 fabricant de fontaines (*fontenier*).
9 marchands de poteries (*escueliers*).
5 lampistes (*lampiers*).
5 vanniers.
33 peintres en bâtiments (*paintres*).
24 tapissiers (*tapiciers*).
27 serruriers.
95 menuisiers (*charpentiers*).
7 scieurs de long (*siéeurs*).
18 charrons.
36 plâtriers (*plastriers*).
104 maçons.
28 couvreurs (*couvréeurs*).
18 carriers (*quarriers*).
12 fabricants de tuiles (*tuiliers*).
22 couteliers.
19 cloutiers (*clooutiers*).
11 marchands de fer (*ferrons*).
18 chaudronniers (*maignens* et *chauderonniers*).
34 maréchaux ferrants (*mareschaux*).

13 équarrisseurs (*escorchéeurs*).
21 tabletiers.
12 tourneurs (*tournéeurs*).
70 tonneliers (*touneliers*).
17 emballeurs (*coffriers*).
4 doreurs (*doréeurs*).
4 miroitiers (*miroeriers*).
17 vitriers (*verriers*).
24 corroyeurs (*conréeurs* et *tanneurs*).
24 bourreliers.
26 cordiers.
51 selliers (*séliers*).
23 mégissiers (*mesgeiciers*).
9 fabricants de peignes (*pigniers*).
71 fabricants de chandelles (*chandeliers*).
20 fabricants de bougies (*ciriers*).
8 fabricants de savons (*savonniers*).
58 gaîniers (*gueiniers* et *fourreliers*).
19 fabricants de parchemin (*parcheminiers*).
24 copistes (*escrivains*).
13 enlumineurs de manuscrits (*enluminéeurs*).
8 libraires (*vendéeurs de livres*).
17 relieurs (*liéeurs de livres*).
24 peintres ou sculpteurs (*ymagiers*).
29 médecins (*mires*).

8 femmes-médecins (*mirgesses*).
2 sages-femmes (*ventrières*).
Etc., etc., etc.

Mais tous ces métiers ne s'exerçaient pas en boutique ; une multitude de marchands ambulants allaient, venaient, parcouraient la ville dans tous les sens, criant leurs denrées, annonçant celle des autres, ou, comme nos raccommodeurs de faïences, réparant les vêtements et les ustensiles de ménage devant la porte des maisons. Il y avait, en outre, les crieurs officiels, chargés de publier les actes de l'autorité, les ordonnances de police, le ban du roi pour la levée d'hommes ou de deniers, etc., etc.

Le *cri* de Paris fut établi par Philippe-Auguste, puis réglementé par saint Louis. Les maîtres crieurs, nommés par l'administration municipale (prévôt des marchands [1]), devaient, moyennant vingt-quatre sous parisis par années, remplacer nos journaux, nos annonces et nos affiches. Chacun de ces six maîtres avait sous ses ordres un certain nombre de crieurs, qu'ils envoyaient par la ville annoncer dans tous les carrefours, outre les actes officiels, le

1. Voy. ci-dessous, p. 96 et suiv.

prix des diverses marchandises, les maisons à vendre ou à louer, les objets perdus, les enfants disparus, etc., etc.; enfin, les baptêmes, les mariages et les enterrements. Dans ce dernier cas, le crieur parcourait les rues en agitant une sonnette, et criait d'une voix lugubre : « Réveillez-vous, gens qui dormez, priez Dieu pour les trépassés : »

> Quant mort i a homme ne fame,
> Crier orrez : proiez por s'ame,
> A la sonete par ces rues [1];

et le bourgeois, arraché au sommeil, se mettait pieusement en prières. Cet usage s'est longtemps conservé, car on lit dans une pièce de vers de Saint-Amand, intitulée *la Nuit*, et publiée vers 1640 :

> Le clochetteur des trespassez,
>   Sonnant de ruë en ruë,
> De frayeur rend leurs cœurs glacez,
>   Bien que leur corps en suë;
> Et mille chiens, oyans sa triste vois,
> Luy répondent à longs abois [2].

Le nombre des petits marchands qui, du matin au soir, animaient de leurs cris la vie

1. Guillaume de la Villeneuve, *les Crieries de Paris*.
2. Saint-Amand, *Poésies*, édit. de 1661, p. 90.

des rues était immense. Comme le prouve la pièce de Guillaume de la Villeneuve, que nous publions plus loin, presque tous les métiers, presque toutes les industries étaient ainsi représentés.

Dès que le jour pointait, un valet de l'étuviste annonçait l'ouverture des bains, dont les rapports avec l'Orient avaient généralisé l'habitude dans toutes les classes :

> Seignor, quar vous alez baingnier
> Et estuver sanz délaier,
> Li baing sont chaut, c'est sanz mentir.

Venaient ensuite les marchands de poissons, de volailles, de viande fraîche ou salée, d'ail, de miel, d'oignons ;

> Puis après cresson de fontaine

et d'Orléans, cerfeuil, salades, beurre frais et fromages :

> J'ai bon frommage de Champaingne,
> Or i a frommage de Brie.

Des femmes criaient de la farine et du lait :

> Au lait, commère, ça voisine,

des pêches, des poires, des pommes, des cerises, des œufs, des poireaux.

A toutes ces annonces se mêlaient les cris des raccommodeurs d'habits :

> Cote et sorcot rafeteroie,

et de vêtements de femmes :

> Li autres crie à grant friçon,
> Qui a mantel ne peliçon,
> Si le m'aport à rafetier,

de meubles :

> Huche et le banc sai bien refère,
> Je sai moult bien que je sai fère,

et de vaisselle :

> J'esclairciroie pos d'estain,
> Je relieroie hanas.

On criait encore des fleurs fraîches, du poivre, du vieux fer et de vieux souliers, des noisettes, des châtaignes, de la paille, des échalottes, du savon, des champignons, des nèfles, des mottes à brûler et des bûches à deux oboles :

> L'autres crie qui veut le ten ;
> L'autres crie la busche bone,
> A deux oboles le vous done ;

du charbon à un denier le sac :

> Charbon le sac por un denier,

et des mèches qui brillent comme des étoiles :

> Chandoile de coton, chandoile,
> Qui plus art cler que nule estoile.

Il ne faut pas oublier les marchands de vieux habits qui, comme aujourd'hui, spéculaient sur les fréquents besoins d'argent des pauvres étudiants :

> Clerc i sont engané sovent ;

non plus que les crieurs de vins, qui annonçaient :

> Le bon vin fort à trente deux,
> A seize, à douze, à six, à huit

deniers, et avertissaient les clients chaque fois que leur maître allait mettre en perce une pièce nouvelle.

Les oubloiers étaient souvent appelés dans les maisons, où l'on jouait des oublies à peu près comme de nos jours on joue des plaisirs ou des macarons :

> Le soir orrez sanz plus atendre,
> A haute voiz, sans délaier :
> Diex ! qui apèle l'oubloier ?
> Quant en aucun leu a perdu,
> De crier n'est mie esperdu,

> Près de l'uis crie où a esté :
> Aide, Diex de maïsté !
> Com de male eure je fui nez !
> Com par sui or mal assenez !

Les oubloiers se promenaient le soir avec des corbeilles recouvertes d'une serviette blanche et remplies d'oublies, de gaufres et de rissoles. Les écoliers qui avaient gagné ces corbeilles les suspendaient, dit Jean de Garlande, en guise de trophées à leurs fenêtres [1].

Enfin les ordres mendiants, Jacobins, Cordeliers, Augustins, frères Sachets, Carmes, etc., le collége des Bons-Enfants, les Filles-Dieu, les Quinze-Vingts envoyaient par la ville leurs frères quêteurs demander du pain pour le couvent :

> Aus Frères de Saint Jaque pain,
> Pain por Dieu aus Frères menors :
> Cels tieng-je por bons prenéors.
> Aus Frères de Saint Augustin.
> Icil vont criant par matin :
> Du pain aus Sas, pain aus Barrez,
> Aus povres prisons enserrez,

---

1. *Precones nebularum et gafrarum pronunciant se, nocte, nebulas et gafras et artocreas vendendas, in calatis velatis manutergio albo. Calati vero ad fenestras clericorum suspenduntur, perditi senione.* Jean de Garlande, *Dictionarius*, § XXVIII.

A cels du Val des Escoliers.
. . . .
Les Bons Enfanz orrez crier :
Du pain, nes vueil pas oublier.
Les Filles Dieu sèvent bien dire :
Du pain, por Jhésu nostre Sire.

Sur les places publiques, les charlatans, les jongleurs attiraient la foule autour de leurs tréteaux ou devant un tapis bariolé :

> Seigneur qui ci este venu,
> Petit et grant, jone et chenu,
> Il vos est trop bien avenu;
>   Sachiez de voir.
> Je ne vos vuel pas desovoir :
> Bien le porreiz aparsouvoir,
>   Ainz que m'en voize.
> Aséeiz vos, ne faites noise :
> Si escouteiz, c'il ne vos poize.
>   Je sui uns mires [1].

Ils faisaient à leurs auditeurs le récit pompeux de leurs longs voyages :

> Si ai estei en mainz empires :
> Dou Caire m'a tenu li sires
>   Plus d'un estei.
> . . . .
> Si m'en reving par la Morée,
> Où j'ai fait mout grant demorée,
>   Et par Salerne,

[1]. Rutebeuf, *li Diz de l'Erberie*. Nous le publions plus loin.

Par Burienne et par Byterne.
En Puille, en Calabre, Palerne
  Ai herbes prises
Qui de granz vertuz sont emprises.
Sus quelque mal qu'el soient mises
  Li maux c'en fuit.

Puis la prose succédait au chant :

« Osteiz voz chaperons, tendiez les oreilles, regardeiz mes herbes, que ma dame envoie en cest païs et en cest terre; et por ce qu'el vuet que li povres i puist ausi bien avenir coume li riches, ele me dist que j'en féisse danrrée; car teiz a un denier en sa borce qui n'i a pas cinq solz. »

Et, continuant son boniment, le charlatan étalait aux yeux ébahis de ses naïfs auditeurs des remèdes pour toutes les maladies, vantant ses herbes précieuses : « Ces herbes, disait-il, vos ne les mangereiz pas, car il n'a si fort buef en cest païs, ne si fort destrier qui c'il en avoit ausi gros com un pois sor la langue qu'il ne morust de male mort, tant sont fors et ameires à la bouche; et ce qui est ameir à la bouche, si est boen au cuer. Vos les me metreiz trois jors dormir en boen vin blanc; se vos n'aveiz blanc, si preneiz vermeil; si vos n'aveiz vermeil, preneiz de la bele yaue clère ; car teiz a un puis devant son huix, qui n'a pas un tonel de vin en son celier. » Et par la passion du Christ, je vous dis que, ce faisant, vous serez guéris « de toutes fièvres sanz quartainne, de toutes goutes sanz palazine, de l'enfleure dou cors, de la vainne dou cul c'ele vos débat ; car ce mes pères et ma mère estoient ou péril de la mort et ils me demandoient la meilleur herbe que je lor peusse doneir, je leur donroie ceste. »

Tout cela n'est pas du meilleur goût ; mais l'époque n'avait aucune prétention sur ce point. La langue populaire avait déjà imposé à certaines rues des dénominations que les recenseurs officiels n'ont pas toujours osé reproduire, et que nous étudierons au siècle suivant. Quant aux individus, les noms patronymiques étaient encore rares, dans la basse classe surtout, et l'on désignait en général son ami ou son voisin par un sobriquet, qui ne tardait pas à s'ajouter régulièrement à ce que nous appelons aujourd'hui le prénom. Ces sobriquets, dans lesquels la grossièreté du peuple se donnait pleine carrière, et qui sont presque tous devenus des noms propres, étaient empruntés :

Tantôt à la profession de l'individu :

Jehan le Fèvre.
Adam le Maçon.
Estienne le Tourneur.
Richart le Barbier.
Giles le Paintre.
Sanson le Cordier.
Thomas le Potier.
Denys Abat-bois.
Pierre le Mercier.
Beneoit le Peletier.
Noël le Telier.
Richardin le Moinne.
Jehan le Clerc.
Guillaume Petit-Clerc.
Nicolas le Page.
Guillaume l'Escuier.
Richart Bon-Vallet.
Nicolas Biau-Vallet.
Pierre le Ferron.
Raollet Tire-Fer.
Jehan Taille-Fer.
Henri Taillebois.
Ernoul aus Pourciaus.
Jean aus Oës [1].

1. Aux oies.

Jehan Escorche-Rainne [1].
Robert Bergier.
Adam l'Uilier.
Jehan le Munier [2].
Symon l'Aillier [3].
Gautier le Voirrier [4].
Jehan Chaufe-Cire.
Guillaume le Sueur [5].
Huet du Four.
Aalis Fille-Soie.
Guillaume Porte-Bûche.
Jehan le Mire [6].
Pierre le Foulon.
Guillaume Chaufe-l'Eaue.
Robert Porte-l'Yaue.

Tantôt à son pays d'origine :

Raoul le Picart.
Henri le Breton.
Marguerite la Brète [7].

1. L'écorcheur de grenouilles.
2. Le meunier.
3. Le marchand d'ail.
4. Le verrier.
5. Le cordonnier (*sutor*).
6. Le médecin.
7. La Bretonne.

Eudeline la Poitevine.
Symon le Cauchois.
Loys le Loherenc [1].
Jehan le Bourgueignon.
Agnès la Champenoise.
Giefroi le Normant.
Geneviève la Flamenge [2].
Jehan l'Angevin.
Laurence la Lombarde.
Pierre le Prouvencel.
Jehan d'Outre-Sainne.
Jehanson Caourson [3].
Etienne le Briois [4].
Jehan le Brabançon.
Guillaume l'Escot [5].
Nicolas le Cornevalois [6].
Guillaume le Frison.
Audri le Danois.
Isabiau d'Outre-Mer.
Simon l'Englois.
Pierre d'Arragon.
Jehan le Roumain.

1. Le Lorrain.
2. La Flamande.
3. De Cahors.
4. De la Brie.
5. L'Ecossais.
6. De Cornouailles.

Marie la Sarrazine.
Hermant l'Alemant.

Plus souvent à certaines particularités de sa personne :

Raoul le Grant.
Ysabel la Gygane [1].
Abraham le Lonc.
Martin le Petit.
Pierre le Court.
Guillaume Courtais.
Renier le Nain.
Richart le Meigre.
Jehanne la Meigrette.
Thomas le Sec.
Giefroi le Cras.
Ameline la Grasse.
Robert le Gros.
Anès la Grosse.
Nicholas la Pipe [2].
Guillaume Gros-Parmi [3].
Jehan Potelé.
Geneviève la Gifarde [4].

1. La géante.
2. Le tonneau.
3. Gros ventre.
4. La jouflue.

Guillaume le Fort.
Pierre le Boçu.
Maheut la Boçue.
Julien le Tort [1].
Richardin le Courbe.
Jehan le Sale.
Evrard li Enquin [2].
Ysabel l'Emboée [3].
Etienne Escorché.
Jehan le Velu.
Marie la Moussée [4].
Pierre le Cornu.
Guillaume le Blont.
Jehan Blondel.
Emeline la Blonde.
Simon le Rous.
Lorence la Rousse.
Guillaume Roussel.
Gilebert Roussiau.
Jehan le Brun.
Jehanne la Brune.
Aalis la Morèle [5].

1. Le bossu.
2. Le sale (*inquinatus*).
3. La boueuse.
4. La velue.
5. La négresse.

Michiel le Blanc.
Robert Blanchart.
Raoul le Noir.
Jehan le Gris.
Robert le Vert.
Jehan le Doré.
Phélippot le Camus.
Robin le Sourt.
Rogier l'Avugle.
Guillaume le Borgne.
Jehan le Bègue.
Jaques le Ladre [1].
Alyaume le Boiteus.
Ysabiau la Clopine [2].
Bertaut Qui-biau-marche.
Jehan le Bel.
Phelippe la Souève [3].
Geneviève la Bien-Fète.
La veuve Belle-Assez.
Tierri Biau-Dehors.
Jehan Biau-Fuiz [4].
Robert Biau-Gendre.
Symon Biau-Niès [5].

1. Le lépreux.
2. La boiteuse.
3. L'agréable (*suavis*).
4. Beau-fils.
5. Beau neveu.

Beaus-Oncles.
Eude Petit-Mestre.
Haouys la Crestée [1].
Ameline la Biau-Pigniée [2].
Aalis la Hériciée.
Phelippe le Crespé.
Marie aux Trèces.
Aalès aus Grosses-Treices.
Robert des Rouges-Chevax [3].
Hue au Grand-Toupet.
Guillaume le Caus [4].
Nicolas le Tondu.
Heibert Haut-Tondu.
Richart le Pelé.
Jehan Brun-Eul [5].
Guillaume Euz-de-Fer [6].
Pierre à la Dent.
Richart le Dentu.
Robert au Vert-Vis [7].
Richart Grosse-Teste.

1. La peignée.
2. La bien peignée.
3. Des rouges cheveux.
4. Le chauve.
5. Œil-brun.
6. Yeux de fer.
7. Au vert visage.

Maheut à la Grosse Joë[1].
Thoumas Bouche-de-Lièvre.
Guillaume Bec-d'Ouë.
Yvon Gueule-de-Raie.
Jehan Lippe-d'Asne [2].
Macy Piz-d'Oë [3].
Nicholas Col-d'Oë.
Adam Vit-de-Coc.
Jehan Pié-d'Oë.
Agnès Pié-de-Fust [4].
Jehanne Pié-d'Argent.
Jehan Pié-Ferré.
Guiart Plat-Pié.
Nicolas Grant-Main.
Agnès aus Blanches-Mains.
Geffroi Coulle-Mole.
Phelippe le Hongre.
Richard Gros-Cul.
Guillaume Cul-Percié.
Anès Cul-Pesant.
Rogier Biax-Anus.
Jehanne aus Escroëles [5].

1. A la grosse joue.
2. Mâchoire d'âne.
3. Poitrine d'oie.
4. Pied de bois.
5. Aux écrouelles.

Eude Coille-Noire.
Jehanne Con-Doré.
Jacques Bon-Dos.
Bon-Vis-Bon-Dos.
Harchier Poill-de-Serf.
Jehan Blanche-Barbe.
Heibert le Gaillart.
Marie la Gaillarde.
Nicole le Bat-Joë [1].
Mahyet le Houlier [2].
Simon le Vilotier [3].
Symon Male-Vie.
Guillaume Male-Herbe.
Jehanne la Galoise.
Perronele la Mastine.
Gile la Maucourante.
Perronele la Crotée.
Perronele la Loque.
Guillaume le Bougre.
Maci Qui-ne-fout.
Renaudet Fout-Oë,
Jehan Fout-en-Paille.
Jehan Fout-Vieille.

1. Le querelleur.
2. Le libertin (*helluo*).
3. Le débauché.

Ou à ses mœurs :

Martin Boi-Vin.
Jehan Boi-Boi.
Jehan Boi-l'Yaue.
Jehan Qui-pie [1].
Guillaume Brise-Voirre [2].
Jehan Brise-Pot.
Edelinne la Boucele [3].
Ysabiau la Gourbaude [4].
Mahi Male-Gueule.
Robert Langue-Dorée.
Guillaume Chief-de-Fer.
Giefroi le Déable.
Guillaume Qui-ne-rit.
Ernoul Qui-dort.
Marie la Grimode.
Jehan Glorieus.
Richart l'Essilier [5].
Morise l'Escervelé.
Guillaume le Sage.
Jehan l'Ami.

1. Qui boit.
2. Brise-verre.
3. La bouteille.
4. La gloutonne.
5. Le prodigue.

Jehan le Douz.
Hélie Doucet.
Jehannot l'Ange.
Guiot Preudome.
Thomas Bon-Baron [1].
Guillaume Bon-Ami.
Thomas Bon-Compainz [2].
Simon Bon-Anfant.
Lambert Bonne-Fille.
Raoul Bon-Voisin.
Henri Bonne-Aide.
Henri Bon-Tens.
Richart Petit-Bon.
Aubert le Franc.
Robert Qui-ne-Ment.
Jehan le Soutif [3].
Jehan le Cointe [4].
Jehan Cuer-de-Roy.
Richart Cueur-de-Lion.
Guillaume l'Amoureus.
Pierre l'Envoisié [5].
Agnès l'Enchantée.

1. Bon mari.
2. Bon camarade.
3. Le sourris.
4. L'affable, l'agréable (*comptus*).
5. Le réjoui.

Raoul l'Esveillié.
Jehan Tout-Sens.
Guillaume le Malicieus.
Michiel Cheval.
Henri Poulain.
Ernoul la Mule.
Henri le Beuf.
Jehanne la Vache.
Aalis la Torele [1].
Jehan le Veau.
Simon Mouton.
Perronele la Brebis.
Davi l'Agnelet.
Nicholas Bison.
Guillaume le Porc.
Guillaume Pourcelet.
Thomas l'Ours.
Adam le Chien.
Estienne le Chat.
Jehan Chat-Blanc.
Henri le Rat.
Jehan Raton.
Jehan Mulot.
Thomassin Renart.
Ysabel la Renarde.

1. La génisse.

Mabile la Chièvre.
Robert le Bouc.
Ayoul le Lièvre.
Pierre Oie.
Adam Chapon.
Guillaume le Coq.
Ysabiau la Grue.
Estienne Héron.
Raoul le Ploumier [1].
Thomas le Melle [2].
Jehan Rousignol.
Jehannot la Pie.
Nicolas Papillon.
Guillaume la Mauviz [3].
Emelot la Rainne [4].
Pierre Harenc.
Girart le Maquereau.
Huitace Goujon.
Aveline la Goujonne.
Renaut la Loche.

Ou à certaines circonstances de sa vie :

Thomas Brise-Moulin.

1. Le pluvier.
2. Le merle.
3. La mauviette.
4. La grenouille (*rana*).

Gile Brise-Miche.
Jehan Pique-Pain.
Hervy Boute-Gale.
Martin Vuide-Rue.
Pierre Chace-Rat.
Simon Chace-Truie.
Nicolas Beque-Pois.
Jehan Vent-de-Bise.
Pierre Engoule-Vent.
Jehan aus Queues.
Robert Bat-Teste
Raoul Tue-Tout.
Gilot Tue-Pain.
Eude Baille-Hache.
Gautier Hors-du-Sens.
Robert aus Espées.
Aalis aus Truies.
Gile la Marche-Gaie.
Aaliz Dessus-le-Mur.
Jehan Dessouz-l'Orme.
Béatriz Rouge-Cote.
Bertaut Blanche-Cote.
Hue au Blanc-Tabar [1].
Pierre Quatre-en-Vaut.
Lorenz le Riche.

1. Au blanc manteau.

Guillaume Riche-Homme.
Guillaume le Povre.
Robert Povre-Homme.
Jehan Tout-li-Faut [1].
Estienne Gaaingne-néent.
Pierre Range-Maaille.
Tybost Couve-Denier.
Aaliz Sanz-Argent.
Jehan Bourse-Trouée.
Perrot Trentécus.
Raoul Dix-Livres.
Richart Vint-Soulz.
Nicolas Trois-Sols.
Jehan Huit-Deniers.
Raoul Quatre-Deniers.
Jehan des Quatre-Maisons.
Raoul au Mouton.
Raoulet aus Deux Moutons.
Robert aus Oisiaus.
Nicolas du Fruit.
Jehan Navet.
Estienne Rose.
Robert Poire-Mole.
Richart Trousse-Vache.
Guillaume Hoche-Bren.

1. Tout lui manque.

Raoul Cornart.
Durant Bordel.
Jehan Feu-l'Arde [1].
Jehan Gué-d'Amours.
Robin aus Deux Fames.
Gille la Guillée [2].
Guillaume Dieu.
Gile la Mère-Dieu.
Andry le Foie-Dieu.
Guillot l'Ami-Dieu.
Nicolas Bongré-Dieu.
Jehan Croi-Dieu.
Ernoul le Roy.
Jehanne la Reyne.

Bien entendu, nous extrayons tous ces noms d'un acte officiel, des rôles de la Taille levée sur Paris en 1292.

[1]. Le feu le brûle.
[2]. La trompée.

III.

La Seine divise naturellement Paris en trois parties, et celles-ci formèrent, dès l'origine, la première division administrative de la capitale.

On y comptait donc trois quartiers, déjà d'aspect très-différent :

> Le quartier d'Outre-Grand-Pont [1],
> Le quartier d'Outre-Petit-Pont,
> Le quartier de la Cité.

Un peu plus tard les noms se modifièrent,

---

1. Voyez ci-dessous, p. 86.

quoique les divisions restassent les mêmes, et Paris se composa de :

La Ville,
L'Université,
La Cité.

Ces dénominations subsistèrent malgré les changements ultérieurs, et on les trouve mentionnées, dans les actes publics et sur les plans, même longtemps après que Paris eut été divisé en vingt quartiers.

Le quartier d'Outre-Grand-Pont ou la Ville comprenait toute la partie de la rive droite de la Seine qui était renfermée dans l'enceinte de Philippe-Auguste. C'était déjà le plus peuplé et le plus riche des trois. On y trouvait groupés les drapiers, les orfévres, les armuriers, les tapissiers, les fabricants de meubles, toute la grande industrie et le commerce de luxe. Des 15,200 contribuables qu'énumère la *Taille* de 1292, 11,469 habitaient la Ville, et payaient ensemble 9,639 livres 8 sols, sur les 12,218 livres 14 sols formant le total du rôle. Enfin, le taux moyen de l'impôt, qui était de 14 sols dans la Cité et dans l'Université, montait à 16 sols dans la Ville ; il s'élevait jusqu'à 20 sols dans les paroisses de Saint-Germain-l'Auxerrois et de Saint-Jean-en-Grève. Là, habitaient, en effet, les opulentes familles de la bourgeoisie parisienne, les Barbette, les Bourdon, les Popin, les Bonne-Fille, les Piz-d'Oë dont nous parlerons plus loin. Voici au reste quelles étaient alors les rues où se rencontraient les plus grandes fortunes. La *rue de Quinquempoist* [1], *l'enceinte de Grève* [2], la *rue Guillaume-Bourdon* [3], la *rue Jehan-Evrout* [4], la *viez place aus Pourciaus* [5], la *rue de Male-Parole* [6], la *rue Saint-Germain* [*l'Auxerrois*], *La Tounèlerie* [7], la *rue Trousse-Vache* [8], *l'encloistre Saint-Merri*, la *rue des Arsis* [9], la *Bufeterie* [10], la *Peleterie* [11] et la *Vanerie* [12].

1. *Rue Quincampoix.*
2. La *place de Grève.*
3. Devenue *rue Béthisy*, puis supprimée.
4. Nous n'avons pu déterminer son nom actuel.
5. Aujourd'hui *rue de la Limace.*
6. Devenue *rue des Mauvaises-Paroles.*
7. Devenue *rue de la Tonnellerie*, puis supprimée.
8. Aujourd'hui *rue de La Reynie.*
9. Aujourd'hui réunie à la *rue Saint-Martin.*
10. Aujourd'hui *rue des Lombards.*
11. Aujourd'hui *quai Desaix.*
12. Devenue *rue de la Vannerie*, puis supprimée.

Cinq des hôpitaux de Paris appartenaient à la rive droite. En haut de la *rue Saint-Denis*, sur l'emplacement de l'*impasse de la Trinité* actuelle, deux bons bourgeois avaient fondé, vers 1200, un établissement dit *la Trinité*, où étaient recueillis les pauvres malades et les pèlerins. Dans le bas de la *rue Saint-Denis*, en face de l'église Sainte-Opportune, se trouvait l'*hôpital Sainte-Catherine*, qui datait de la fin du XIIe siècle. L'*hôpital Saint-Gervais*, situé vis-à-vis de l'église du même nom, devait son origine à un curé de Saint-Jacques-la-Boucherie. En 1228, un curé de Saint-Merri, Jean Séquence, et une pieuse femme nommée Constance de Saint-Jacques[1], avaient fait bâtir dans la *rue du Temple* une maison où ils établirent quarante pauvres veuves, et qui fut appelée l'*hôpital Sainte-Avoie*. Enfin, presque à l'angle des rues actuelles *Saint-Honoré* et *de Rohan*, saint Louis avait fondé, vers 1260, sur une pièce de terre nommée *Champourri*, l'*hôpital des Quinze-Vingts*, destiné à trois cents aveugles.

Depuis la fermeture des cimetières Saint-

---

1. En 1292, elle habitait la *rue Saint-Germain-l'Auxerrois*, avec ses deux nièces (Taille de 1292).

Jean [1] et Saint-Gervais [2], la rive droite ne possédait plus que trois cimetières : le cimetière Saint-Honoré, situé à l'angle de nos rues actuelles *Saint-Honoré* et *des Bons-Enfants*; le cimetière Saint-Nicolas, qui était borné au nord par la *rue du Cimetière-Saint-Nicolas* [3], et le cimetière des Innocents dont l'emplacement est aujourd'hui occupé par le *square des Innocents*. C'était le plus important et l'un des plus anciens de la capitale : *In quo tot millia virorum sepulta jacebant*, disait déjà Rigord, le médecin de Philippe-Auguste [4]. Guillaume le Breton ajoute que ce vaste champ de sépultures servait de passage à tout venant, et était ouvert aux animaux comme aux hommes; on y riait, on y chantait, les marchands y débitaient leurs denrées, et pour comble d'irrévérence, *meretricabatur in illo* [5]. Philippe-Auguste

1. Devenu *place du Marché-Saint-Jean*, puis réuni à la *rue Bourtibourg*. Dès 1280 on le trouve nommé *Platea veteris cimeterii* (Jaillot, quartier de la Grève, p. 38).
2. Placé au nord et à l'est de l'église.
3. Réunie en 1851 à la *rue Chapon*.
4. *Vita Philippi Augusti*, dans le *Recueil des Historiens des Gaules*, t. XVII, p. 21.
5. Guilelmus Brito, *Philippidos liber I*, dans le *Recueil des Historiens des Gaules,* t. XVII, p. 127.

voulant porter remède à ces profanations, fit, en 1186, entourer tout ce terrain d'un mur élevé.

L'église des Innocents, bordée de deux côtés par le cimetière, s'élevait au coin des *rues Saint-Denis* et *aux Fers* (aujourd'hui *rue Berger*); à cette église était adossée la première fontaine publique qu'il y ait eu dans Paris. Un aqueduc [1], bâti sous le règne de Philippe-Auguste, conduisait les eaux provenant de Romainville et de Ménilmontant dans un réservoir établi au Pré-Saint-Gervais. Ces eaux alimentèrent d'abord deux fontaines situées hors Paris, l'une dans le couvent de Saint-Lazare, l'autre dans celui des Filles-Dieu; vers 1280 on les amena jusqu'à la *fontaine des Innocents* [2], et peu de temps après jusqu'à celle des *Halles*. Un autre aqueduc recueillait l'eau des hauteurs de Belleville, et venait alimenter les réservoirs du couvent de Saint-Martin-des-Champs (hors Paris), d'où elles furent con-

---

1. On en trouve la description dans Dubreul, *Théâtre des antiquitez de Paris*, p. 797.
2. Cette fontaine fut refaite en 1550 par Pierre Lescot et Jean Goujon, puis transportée à l'endroit qu'elle occupe aujourd'hui, en 1788, après la démolition de l'église des Innocents.

duites à la *fontaine Maubué*, dans la rue du même nom.

La rive droite ne possédait qu'un seul collége, celui des Bons-Enfants, établi près du *Palais-Royal* actuel. En revanche, on y trouvait neuf *petites écoles* qui relevaient directement du Chapitre de Notre-Dame; la Taille de 1292 nous en donne la liste :

ÉCOLES DE GARÇONS.

Rue des Déchargeurs, tenue par mestre Pierre.

Rue aus Prouvoires [1], tenue par mestre Eude.

Rue aus Preschéeurs [2], tenue par mestre Giefroi.

Rue où l'en cuit les Oës [3], tenue par mestre Jourdain.

Rue de la Bretonnerie [4], tenue par mestre Guillaume.

Rue Neuve [5], tenue par mestre Thomas.

---

1. Rue des Prouvaires.
2. Aujourd'hui *rue des Prêcheurs*.
3. Aujourd'hui *rue aux Ours*.
4. Aujourd'hui *rue Sainte-Croix de la Bretonnerie*.
5. Aujourd'hui *rue Neuve-Saint-Merri*.

Rue Saint-Jaque [1], tenue par mestre Nicolas.
Rue des Blans-Mantiaus, tenue par mestre Yvon.

ÉCOLE DE FILLES.

Rue où l'en cuit les Oës, tenue par la dame Tyfainne.

Le quartier d'Outre-Petit-Pont ou l'Université présentait une physionomie toute différente.

Dès le douzième siècle l'enseignement avait commencé à se concentrer à Paris, qui, sous la parole éloquente d'Anselme, de Guillaume de Champeaux et surtout d'Abélard, devint rapidement le foyer intellectuel de l'Europe. A l'église Notre-Dame, à Saint-Victor, à Sainte-Geneviève affluaient des milliers d'étudiants, venus non-seulement des provinces de France, mais encore d'Italie, d'Angleterre et des autres Etats du Nord. Philippe-Auguste encouragea ce mouvement en accordant aux écoliers des priviléges exagérés; enlevés à la juridiction du prévôt de Paris, et justiciables du roi seul, leurs désordres, leurs délits, leurs

---

1. *Rue Saint-Jacques-la-Boucherie,* aujourd'hui *avenue Victoria.*

crimes même restaient souvent impunis. L'administration équitable, régulière et ferme de saint Louis eut sur les lettres une influence plus utile et plus durable. Le calme au dedans, la confiance dans l'avenir, les révélations littéraires dues aux Croisades, toutes ces causes produisirent un irrésistible élan des esprits vers l'étude, et une multitude d'écoliers de tout âge et de toute condition afflua à Paris. La vieille école du cloître Notre-Dame fut débordée ; ses rivales, l'abbaye de Saint-Victor et celle de Sainte-Geneviève, virent tripler le nombre de leurs auditeurs ; des maîtres particuliers, Geoffroy de Poitiers, Guillaume d'Autun, Guillaume Lenoir, Gérard d'Abbeville, Gérard de Courtray, etc., etc., ouvrirent de nouveaux établissements près du Petit-Pont, près du Grand-Pont et sur les *clos Bruneau* et *Mauvoisin* [1], où l'on commença à bâtir. En même temps, deux ordres mendiants, les Jacobins et les Cordeliers, qui venaient de s'établir dans la capitale, rivalisaient de zèle et s'efforçaient d'attirer à eux les étudiants.

Des colléges se fondèrent de toutes parts

---

1. Voy. ci-dessus, p. 5.

sur la rive gauche de la Seine. Robert de Sorbon, chapelain de saint Louis, donna l'exemple, et créa entre la *rue Coupegueule* [1] et la *rue Saint-Jacques* [2] un collége qui servit de modèle à tous les autres, et où, dès 1289, les écoliers avaient à leur disposition une bibliothèque de 1,017 volumes, dont on possède le catalogue [3]. Puis on vit s'ouvrir successivement : le collége des Bernardins, fondé par un Anglais sur le *clos du Chardonnet*; le collége de Prémontré, destiné aux jeunes novices de cet ordre, et situé à l'angle des rues actuelles *de l'Ecole-de-Médecine* et *Hautefeuille*; le collége de Cluny, entre la *rue de la Harpe* et la *rue des Grès* (aujourd'hui *rue Cujas*); le collége de Calvi, annexe de la Sorbonne; le collége du Trésorier, établi par Guillaume de Saône, trésorier de l'église de Rouen, en faveur de

---

1. Située entre la *rue de Sorbonne* et la *rue des Maçons*, et parallèle à toutes deux. Elle a disparu depuis longtemps.
2. Alors *Grand'Rue Saint-Benoît*.
3. Voy. A.-F., *les Anciennes Bibliothèques de Paris*, t. I, p. 229. — Trente ans auparavant on avait réuni pour les écoliers plus de cent volumes à Notre-Dame. Voy. A.-F., *Recherches sur la bibliothèque publique de l'église Notre-Dame de Paris au XIIIe siècle*, p. 28 et suiv.

vingt-quatre pauvres écoliers ; le collége d'Harcourt, qui est aujourd'hui le lycée Saint-Louis ; enfin, le collége de Tournai (*rue Descartes*), destiné aux jeunes gens de ce diocèse qui venaient étudier à Paris.

L'Université peu à peu s'organisa. Vers 1270, les différentes spécialités représentées dans l'enseignement se formèrent en *Facultés* distinctes et indépendantes les unes des autres. La Faculté de théologie était déjà, en fait, établie à la Sorbonne ; la Faculté de droit s'installa *rue Saint-Jean-de-Beauvais,* sur le clos Bruneau, et la Faculté des arts, qui comprenait la médecine et les lettres, ouvrit ses écoles dans une masure située sur l'ancien clos Mauvoisin, dans la *rue du Fouarre,* une voie sombre et humide, qui avoisinait la *place Maubert*. Cette rue est restée longtemps célèbre dans l'histoire de l'Université de Paris : Dante a immortalisé la science de Siger, son contemporain, qui professait *nel vico degli strami*[1], et Rabelais raconte que Pantagruel « en la rue du Feurre, tint contre tous les régens, artiens et orateurs, et les mit tous de cul[2]. » Elle devait

1. *Il Paradiso*, chant X, vers 136.
2. *Pantagruel*, liv. II, chap. x.

son nom [1] au vieux mot français *feurre* ou *fouarre* qui signifiait paille, et il lui avait été donné, dit Sauval, « à cause de la paille... qui servoit pour y asseoir les écoliers, tandis que les régens et les docteurs étaient assis dans des chaises et sur des siéges [2]. » Ce n'était pas, en effet, un séjour attrayant que ce local de la rue du Fouarre. Une escabelle, deux chandelles et quelques bottes de paille jonchées sur la terre nue composaient tout le mobilier des salles basses, où, dès cinq heures du matin, se pressaient les élèves. En l'absence d'horloge, les étudiants se réglaient sur la cloche des églises voisines; la messe de Saint-Julien, qui se célébrait à cinq heures, donnait le premier signal, puis venait, une heure après, la sonnerie de prime à Notre-Dame.

Cette affluence sur un même point d'une jeunesse enthousiaste, pleine d'ardeur pour la

---

1. Le poëme de Guillot (écrit vers 1320) la nomme *rue de l'Ecole* et le manuscrit de la bibliothèque Cottonienne (1400) *rue des Escoules;* mais tous les autres auteurs, depuis le XIIIe siècle jusqu'au XVIIe, écrivent *vicus Straminis* ou *Straminum, rue du Feurre, rue du Fouerre* ou *du Fouarre.* Voy. A.-F., *Etude historique sur le plan de Paris de* 1540, *dit Plan de Tapisserie*, p. 106.

2. Sauval, *Recherches sur Paris*, t. I, p. 134.

science, mais facile à entraîner, turbulente et appartenant à des nations si diverses, était une cause continuelle de querelles et de troubles. Jacques de Vitry, historien contemporain, nous peint ainsi le caractère, les mœurs et les habitudes des principales races alors représentées dans l'Université de Paris : « Les Anglais sont ivrognes et vantards; les Français sont fiers, mous et efféminés; les Allemands furibonds; les Normands vains et orgueilleux; les Poitevins traîtres; les Bourguignons brutaux et sots; les Bretons légers et inconstants; les Siciliens tyrans; les Brabançons incendiaires et voleurs; les Flamands adonnés à la bonne chère et mous comme le beurre; les Lombards avares et méchants; les Romains séditieux [1]. »

Quand bien même Jacques de Vitry aurait un peu exagéré, on comprend que la tran-

---

[1] .... *Anglicos potatores et caudatos affirmantes; Francigenas superbos, molles et muliebriter compositos; Teutonicos furibundos; Normannos inanes et gloriosos; Patavos proditores; Burgundos brutos et stultos; Britannos leves et vagos; Siculos tyrannos; Brabantios incendiarios et raptores; Flandrentes commessationibus deditos et more butyri molles; Lombardos avaros, malitiosos; Romanos seditiosos.* Jacobus de Vitriaco, *Historia occidentalis*, lib. II.

quillité devait rarement régner dans un pareil milieu, et que les rues de la rive gauche n'étaient pas toujours très-sûres. Un acte officiel, un règlement de l'évêque de Paris, daté du 11 janvier 1269, reproche aux écoliers *quod de die et nocte multos vulnerant atrociter, interficiunt, mulieres rapiunt, obprimunt virgines, hospicia frangunt, necnon latrocinia et multa alia enormia Deo odibilia sepe et sepius committendo* [1]. Il faut se rappeler, d'ailleurs, que les écoliers, entassés dans des rues sombres et étroites, s'y trouvaient en contact avec le rebut de la société; les lieux de débauche touchaient les salles de cours. Et cependant, les propriétaires mettaient à si haut prix leur malsaine hospitalité, que l'Université voulut se charger de taxer les loyers; mais les bourgeois réclamèrent, et il fallut une bulle pontificale pour régler la question.

Dans ce quartier, le commerce lui-même était surtout représenté par les professions qui se rattachent aux études et aux lettres. La seule fabrique d'encre que possédât alors

---

1. *Statutum episcopi Parisiensis contra scholares*, dans le *Cartulaire de Notre-Dame de Paris*, t. I, p. 162.

Paris était installée rue Saint-Victor, et tenue par une femme : Asceline, de Roie [1]. Les huit libraires de Paris étaient établis, soit dans la Cité, autour de Notre-Dame, soit sur la rive gauche. C'étaient les sieurs :

Agnien, *rue Neuve-Nostre-Dame.*
Pierre le Normant, *rue de la Lanterne* [2].
Poncet, *rue Neuve-Nostre-Dame.*
Guérin l'Englois, *ruèle aus Coulons* [3].
Gefroi, *rue de Froit-Mantel.*
Aignen, *rue de la Boucherie* [4].
Jehan Blondel, *rue Neuve-Nostre-Dame.*
Dame Marguerite, de Sanz, *Grand'Rue Saint-Benoît* [5].

Il n'y avait sur la rive gauche aucun hôpital proprement dit. Les hospitaliers de Saint-Jean-de-Jérusalem se bornaient en effet à loger et à défrayer les pèlerins. En revanche, l'Université possédait deux cimetières : celui de Saint-Benoît, établi sur l'emplacement de la *place Cambrai* actuelle, et le cimetière Saint-André, qui était limité par les rues

1. Taille de 1292.
2. Aujourd'hui *rue de la Cité.*
3. Supprimée. Elle aboutissait *rue Saint-Christophe* dans la Cité.
4. Aujourd'hui *rue Mouffetard.*
5. Aujourd'hui *rue Saint-Jacques.*

actuelles *Suger, de l'Eperon, Serpente* et *des Poitevins.*

L'aspect physique de la Cité était resté tel que nous l'avons décrit. Centre politique et religieux, l'île avait peu d'importance commerciale; mais elle possédait l'établissement charitable le plus vaste et le plus riche de Paris, l'Hôtel-Dieu, desservi déjà par trente religieux et vingt-cinq religieuses. Cette *Maison-Dieu (Domus Dei)*, comme on disait alors, placée dans le voisinage de la royauté, en recevait de nombreux bienfaits. Saint Louis étendit les bâtiments jusqu'au *Petit-Pont,* et ses libéralités permirent d'y donner annuellement des secours à plus de six mille malades.

Un seul pont conduisait de la rive gauche dans la Cité, c'était le *Petit-Pont,* qui a conservé jusqu'à nos jours le nom qu'il portait dès l'époque de la domination romaine. Il était primitivement en bois, et fut bâti en pierre vers 1185 aux frais de l'évêque Maurice de Sully. Renversé par la violence des eaux en 1196, en 1206, en 1276 et en 1280, il fut toujours reconstruit en bois.

Deux ponts reliaient la rive droite à la Cité. Le *Grand-Pont,* devenu dans la suite

Pont au Change, datait également des Romains, et ses boutiques étaient déjà au XIIe siècle occupées par des orfévres et des changeurs. Quoique construit en pierre, il fut en 1281 et en 1296 emporté par les eaux. Enfin, vers la fin du XIIIe siècle, un pont de bois, dit *Pont des planches de Mibrai* (mi-bras de la Seine), fut élevé sur l'emplacement du *Pont Notre-Dame* actuel, et établit ainsi, par le *Petit-Pont*, une communication directe entre la rive gauche et la rive droite.

C'est par eau que se faisait encore presque tout le commerce extérieur de la capitale, importation et exportation. Paris, assis sur un fond marécageux, était entouré de bois épais et de collines assez élevées; les voies de terre, peu nombreuses, à peine indiquées, nullement entretenues, devenaient impraticables après la moindre averse, et étaient, par tous les temps, infestées de brigands. Cette situation donna, dès l'époque romaine [1], une

---

1. On lit sur un autel gallo-romain conservé au musée de Cluny l'inscription suivante :
TIB. CAESARE
AUG. IOVI. OPTVMO
MAXSVMO. [ARA]M
NAVTAE. PARISIACI
PVBLICE. POSIERVNT

grande force et une réelle importance politique à la corporation des *nautes* ou *marchands de l'eau*, qui prit bientôt le nom de *hanse parisienne*. Sous le règne de Philippe-Auguste, elle possédait déjà le droit d'apposer sur ses actes un sceau particulier, dont on a retrouvé des empreintes ; il était ovale, et représentait une barque, avec un mât soutenu de chaque côté par des cordages. C'est à peu près là tout ce que l'on peut affirmer de certain relativement à l'origine des armoiries de Paris ; sujet qui a inspiré des hypothèses aussi variées qu'extravagantes [1].

En 1141 la *hanse* avait acheté et organisé le port de la *Grève* ; elle en établit un autre en 1213 vis-à-vis de Saint-Germain-l'Auxerrois, sur le *quai de l'Ecole* ; un port spécial,

---

[1]. Nous en citerons deux seulement, qui nous sont fournies par Corrozet : « Et portoient lesdicts Parisiens leurs armoiries de gueules à un pal d'or, qui avoit autresfois esté le blason de Pâris de Troye. » Et plus loin : « L'an mil cent nonante, il [Philippe-Auguste] luy donna les armoiries qu'elle porte aujourd'huy, c'est de gueulles à une navire d'argent, le chef d'azur, semé de fleurs de lis d'or. Donnant par ces signes à entendre que Paris est la dame de toutes les autres villes de France, dont le Roy est le seul gouverneur et patron, qu'elle est la nef d'abondance et affluence de tout biens. » Corrozet, *Antiquitez de Paris*, p. 5 et 64.

celui de *Saint-Landry*, à l'extrémité de la rue de ce nom, approvisionnait la Cité; et un quatrième, moins fréquenté que les précédents, existait près du *Petit-Pont*.

L'extension que prit peu à peu le commerce de Paris, dota la ville d'une bourgeoisie riche, active, intelligente, qui ne tarda pas à jouer un grand rôle dans son histoire. Parmi les familles bourgeoises qui se distinguaient alors, soit par leur fortune, soit par leur influence, nous citerons :

La famille Bourdon, qui donna son nom à deux rues de Paris : la *rue Renier-Bourdon*, devenue *rue des Bourdonnais*, et la *rue Guillaume-Bourdon*, devenue *rue Béthisy* [1]. Ce Guillaume Bourdon fut prévôt des marchands en 1280, et réélu en 1296.

Cette famille était alliée à celle des Arrode. Jean Bourdon avait épousé la fille de Jean Arrode [2], qui fut échevin de Paris en 1280 et prévôt des marchands en 1289. Nicolas Arrode, son père sans doute, avait donné son nom à une des portes [3], et à une des

---

1. Supprimée en 1855.
2. Voy. la *Taille de* 1292, p. 72.
3. La *porte* ou *poterne au Comte d'Artois* (voy. ci-dessus p. 22) que la *Taille de* 1313 nomme : la *porte feu Nicolas-Arrode*, p. 27.

rues [1] de la capitale. Décédé en 1252, il était enterré hors des murs, dans le cimetière de Saint-Martin-des-Champs, où il avait fondé une chapelle destinée à servir de lieu de sépulture pour sa famille.

La famille POINT-L'ASNE (en latin *Pungens Asinum*). Guillaume Point-l'Asne, dont la veuve vivait encore en 1292 [2], avait fondé à Saint-Eustache une chapelle qui fut longtemps desservie par ses descendants [3]. Il existait, en outre, près de Charonne, un fief dit de Point-l'Asne.

La famille BARBETTE possédait dans la *rue Vieille-du-Temple* une maison de plaisance, qui donna son nom à une des portes de la ville [4] et à une Courtille ou jardin public située dans le voisinage. En 1563, on ouvrit sur l'emplacement de cette maison la *rue Barbette*. Etienne Barbette fut voyer de

1. La *rue Comtesse-d'Artois*, non citée dans la *Taille de* 1292, et que Guillot (1320) nomme *rue Nicolas-Arrode*.

2. Elle demeurait *rue des Prouvaires* (Taille de 1292).

3. Un de ses ancêtres, qui était dominicain, écrivit quelques traités de théologie, et mourut vers 1248. Voy. Echard, *Scriptores ordinis prædicatorum*, t. I, p. 119.

4. Voy. ci-dessus, p. 23.

Paris, maître de la monnaie, échevin et prévôt des marchands. Au siècle suivant, nous trouverons un Jehan Barbette parmi les commissaires préposés à la répartition de la Taille de 1313; ce dernier fut élu échevin en 1280.

La famille GENTIEN, l'une des plus riches de Paris, était alors représentée par deux de ses membres, sire Pierre Gentien le vieil, dans la *rue Lambert de Chièle* [1], et sire Gentien, qui habitait la *rue de Violeite* [2], avec « Jaques, son fils, et Marie, sa chamberière [3]. » Une rue voisine se nommait *rue Sire-Gentien* [4], et cette famille avait fondé une chapelle dans l'église Saint-Jean-en-Grève.

Les COCATRIX avaient donné leur nom à une des rues de la Cité, et un Geoffroy Cocatrix était échanson de Philippe le Bel.

La famille PIZ-D'OË, déjà ancienne au XIIIe siècle, fut surtout illustrée par Guillaume Piz-d'Oë, prévôt des marchands en 1276, échevin en 1293 et réélu en 1296. Il

---

1. Peut-être la *rue de Bercy-Saint-Jean*, aujourd'hui réunie à la *rue du Roi-de-Sicile*.
2. Devenue *impasse Saint-Faron*, puis supprimée.
3. *Taille de* 1292, p. 119 et 120.
4. Devenue *rue des Coquilles*, puis réunie à la *rue du Temple*.

était allié à la vieille et nombreuse famille des Macy.

La *rue Jehan-Evrout* [1], située dans les environs du Louvre, était encore habitée en 1292 par la veuve d'un sieur Jehan Evrout.

La famille Porée avait donné son nom à deux rues : la *rue Bertin-Porée*, et sa voisine la *rue Guillaume-Porée*, aujourd'hui *rue des Deux-Boules*.

La *rue Guérin-Boisseau* (alors *rue Guérin-Boucel*) devait le sien à la famille Boucel, encore représentée par plusieurs de ses membres.

La *rue Troussevache* devait également ce nom peu gracieux à une famille Troussevache, dont un des membres habitait en 1292 la *rue Saint-Germain-l'Auxerrois*.

La famille Qui-dort, en latin *dormiens* ou *surdus*, était encore représentée par un dominicain très-instruit, qui mourut vers l'année 1306, en laissant de nombreux ouvrages de théologie [2].

---

1. Elle n'est citée que dans la *Taille de* 1292, et je n'ai pu établir son nom actuel.
2. Voy. Echard, *Scriptoris ordinis prædicatorum*, t. I, p. 500.

En revanche, la famille Sarrazin était bien déchue à la fin du XIIIe siècle. Le plus connu de ses membres, Pierre Sarrazin, qui donna son nom à une des rues de la rive gauche, *vicus Petri Sarraceni,* était mort entre les années 1252 et 1255 [1].

La nombreuse famille Bonne-Fille était logée presque tout entière, en 1292, dans la *rue de la Vieille-Tannerie,* qui, au siècle suivant, devint la *rue Jehan-Bonne-Fille* [2], puis la *rue du Pied-de-Bœuf* [3] ou *de la Tuerie* [4].

La famille Coquillier, qui avait donné son nom à une des portes [5] et à une des rues de Paris [6], semble n'avoir plus été représentée à la fin du XIIIe siècle que par la veuve de Pierre Coquillier.

Les Sanz, Sans ou Sanse, famille riche et nombreuse.

La famille de Meulan, dont deux mem-

---

1. Voy. A.-F., *Etude sur le plan de Paris de* 1540, *dit Plan de Tapisserie,* p. 259 et suiv.
2. *Taille de* 1313.
3. Géraud, *Paris sous Philippe le Bel,* p. 265.
4. Jaillot, *Recherches sur Paris,* quartier Saint-Jacques-la-Boucherie, p. 75.
5. Voy. ci-dessus, p. 22.
6. La *rue Coquillière.*

bres, Hugues et Robert, furent prévôts de Paris, l'un en 1196, l'autre en 1202.

La famille DE SAINT-BENEOIT, qui fournit à Paris un échevin en 1293 et en 1296.

La famille HESCELIN, domiciliée sur la *viez place aus Pourciaus* [1]. Le riche Bertaut Hescelin vivait là avec son gendre, sa nourrice, un valet et une chamberière.

L'opulente famille PAON, dont l'un des membres, Adam Paon, fut échevin en 1293 et réélu en 1296.

La famille AUGIER fournit à Paris un prévôt des marchands en 1268 et un échevin en 1280.

La *rue Jean-Pain-Molet* était encore habitée en 1292 par un contribuable de ce nom.

La *rue Jehan-Chat-Blanc* [2] doit le sien au sieur JEHAN CHAT-BLANC, qui habitait en 1292 le *carrefour de Mibrai*.

Rue de la Bretonnerie [3], demeurait alors la veuve de PIERRE D'ESTAMPES, qui avait donné son nom à une rue, appelée ensuite *rue des Singes,* et aujourd'hui *rue des Guillemites.*

---

1. Aujourd'hui *rue de la Limace.*
2. Devenue *rue du Chat-Blanc.*
3. *Rue Sainte-Croix de la Bretonnerie.*

Jehan Popin, prévôt des marchands en 1293, était le descendant d'une ancienne famille dont le nom se retrouve dans le *Fief Popin*, et dans la *rue de l'Abreuvoir-Popin*.

Citons encore :

Les Le Flamenc, famille de riches changeurs.

Les Marcel, dont l'un, Pierre Marcel le vieil, était l'un des plus forts imposés de Paris.

Etienne Haudry, qui donna son nom à la *rue des Vieilles-Haudriettes*.

Etienne Boislève, le célèbre prévôt de Paris.

Jean Bigue, qui fut échevin en 1280.

Etienne de Bailly, qui habitait la *rue Etienne-de-Bailly*, devenue *rue de Longpont*.

Enfin, Maitre Richart, le barbier du roi, qui demeurait *rue Bertin-Porée*.

La royauté, sans cesse aux prises avec des embarras d'argent, vit bien qu'il fallait désormais compter avec cette bourgeoisie aussi riche qu'intelligente. La hanse parisienne conquit donc peu à peu de précieux priviléges, et le jour vint où elle demanda à administrer elle-même la ville qu'elle avait faite si prospère.

Jusque-là, tous les pouvoirs étaient restés concentrés entre les mains du *Prévôt de Paris*, maître absolu, qui n'avait au-dessus de lui que le roi, et qui, sur son siége du Grand-Châtelet, rendait la justice en matière civile comme en matière criminelle ou de police. Les seigneurs ecclésiastiques, l'évêque de Paris, le chapitre de Notre-Dame, les abbés de Saint-Germain-des-Prés, de Sainte-Geneviève, etc., avaient bien leur tribunal particulier, leur échelle, leur pilori, leur exécuteur même; mais chacun d'eux exerçait sa juridiction dans les limites de son territoire seulement.

On ne connaît pas au juste l'origine de la prévôté; cependant deux chartes, l'une de 1060, l'autre de 1067, sont souscrites par Etienne, prévôt de Paris : *Stephanus præpositus parisiensis.*

La vénalité des charges de judicature compromit bientôt cette institution. La Prévôté, donnée à ferme et adjugée au plus offrant, devint la proie d'hommes cruels, ignorants et cupides, qui ne songèrent qu'à s'enrichir aux dépens des justiciables. Ces abus furent portés si loin que l'on put craindre de voir Paris se dépeupler. « La prévosté, dit Joinville, estoit vendue aux bourjois de Paris, ou à aucuns; et quant il avenoit que aucun l'avoient achetée, si soustenoient lour enfans et lour neveus en lour outraiges; car li jouvencel avoient fiance en lour parens et en lour amis qui la prevostei tenoient. Pour ceste chose estoit trop li menus peuples defoulez, ne ne povoient avoir droit des riches homes, pour les grans presens et dons que il fesoient aus prevoz... Par les grans injures et par les grans rapines qui estoient faites en la prevostei, li menus peuples n'osoit demourer en la terre le roy, ains aloient demourer en autres prévostés et en autres signouries. Et estoit la terre le roy si vague, que quant li prevoz tenoit ses plaiz, il n'i venoit pas plus de dix personnes ou de douze. Avec ce, il avoit tant de maufaitours et de larrons à Paris et dehors, que touz li païs en estoit pleins [1]. »

Saint Louis, « qui metoit grant diligence [à connaître] comment li menus peuples estoit gardé, sut toute la véritei. » Il attribua alors au prévôt un traitement fixe, et confia ces fonctions à un homme remarquable par son savoir, son énergie et son intégrité, Etienne Boislève

[1]. Joinville, *Histoire de saint Louis*, édit. de Wailly, p. 255.

ou Boileau. L'ordre, la sécurité et la confiance revinrent aussitôt; les malfaiteurs furent recherchés et punis, la police fut réglée avec soin, et la justice rendue sans égard pour l'amitié, la parenté ou l'intérêt.

C'est à cette époque que la bourgeoisie entre réellement en scène.

Une partie des attributions jusqu'alors exercées par le Prévôt de Paris fut accordée au chef des marchands de l'eau, de la hanse parisienne; et vers 1228 nous le voyons prendre le titre de *Prévôt des Marchands*. Quelques années après, on lui adjoignit quatre échevins, puis vingt-quatre conseillers, choisis parmi les bourgeois les plus sages, les plus anciens et les plus au fait des coutumes de la ville. Ces magistrats, tous élus par les notables de la bourgeoisie, représentent assez fidèlement les maires actuels, les adjoints et le conseil municipal. Peu à peu, et par la force des choses, ils devinrent les dépositaires naturels des franchises publiques, en même temps que les maintiens de la bonne foi commerciale. En beaucoup de cas, ils semblèrent personnifier la bourgeoisie parisienne; ce fut toujours par leur organe que la Ville parla dans les circonstances où elle dut intervenir, et qu'elle apporta ses hommages au pied du trône. Ils surveillaient l'approvisionnement de la ville, l'entretien du pavage, des ponts, des quais et des édifices; ils percevaient les revenus et en déterminaient l'emploi, fixaient les droits d'entrée sur les diverses marchandises, réglaient l'ordre des fêtes et des cérémonies publiques, etc., etc.

Les réunions de la hanse parisienne se tinrent d'abord dans une maison qui touchait le mur d'enceinte, à l'extrémité de la *rue de la Harpe* (alors *rue Saint-Cosme*), et derrière le couvent des Jacobins; on la nommait *la maison de la marchandise* ou *le Parlouer aux Bourgeois*. Plus tard, ces assemblées eurent lieu sur un emplacement plus central, dans un bâtiment situé entre le Grand-Châtelet et l'église Saint-Leufroy[1] (*place du Châtelet* actuelle). Enfin, en 1357, le Parlouer aux Bourgeois fut transporté sur la place de Grève, dans une propriété qui s'était appelée successivement la *maison de Grève*, la *maison aux Dauphins*[2] et la *mai-*

---

1. Tous ces faits ont été l'objet de nombreuses controverses.
2. Parce qu'elle avait appartenu aux dauphins Viennois.

son aux Piliers [1]. C'est sur ses ruines que s'éleva dans la suite l'*hôtel de ville* actuel.

Dressons maintenant la liste des Prévôts qui ont administré la ville pendant le XIIIe siècle.

PRÉVÔTS DE PARIS.

- 1202. Robert de Meulant.
- 1217. Philippe Hamelin.
- 1217. Nicolas Arrode.
- 1227. Jehan Desvignes.
- 1229. Thilloy.
- 1235. Etienne Boileau.
- 1245. Guernes de Verberie.
- 1245. Gautier le Maître.
- 1256. Henri Dyerres.
- 1256. Eudes le Roux.
- 1261. Etienne Boileau.
- 1270. Renau Barbou.
- 1277. Macé de Morées.
- 1277. Eudes le Roux.
- 1277. Henri Dyerres.
- 1277. Guy Dumex.
- 1283. Gilles de Compiègne.
- 1285. Oudard de la Neuville.

---

[1]. A cause des piliers de bois qui soutenaient sa façade.

1287. Pierre Sayneau.
1289. Jehan de Montigny.
1291. Jehan de Marle.
1291. Guillaume de Hangest.
1296. Jehan de Saint-Léonard.
1297. Robert Mauger.
1298. Guillaume Thiboust.

PRÉVÔTS DES MARCHANDS.

1268. Jehan Augier.
1276. Guillaume Piz-d'Oë.
1280. Guillaume Bourdon.
1289. Jehan Arrode.
1293. Jehan Popin.
1296. Guillaume Bourdon.
1298. Etienne Barbette.

ÉCHEVINS.

1280 { Jehan Augier.
Jehan Barbette.
Jehan Arrode.
Jehan Bigues.

1293 { Thomas de Saint-Beneoit.
Etienne Barbette.
Adam Paon.
Guillaume Piz-d'Oë.

1296
- Adam Paon.
- Thomas de Saint-Beneoit.
- Etienne Barbette.
- Guillaume Piz-d'Oë.

Jusqu'à saint Louis, les rois avaient entretenu à Paris une garde de nuit ou *guet*, composée de vingt sergents à cheval et de quarante sergents à pied. Ces soixante hommes, placés sous les ordres d'un chef nommé le *chevalier du guet*, formaient un corps de police assez mal composé, et qui parfois au lieu de protéger la population se laissait aller à la dévaliser. Joinville raconte que trois sergents du guet s'étant mis en embuscade au milieu de la nuit se jetèrent sur un jeune clerc, qui d'ailleurs finit par les tuer tous les trois [1]. Les bourgeois demandèrent donc à faire eux-mêmes le guet, et cette autorisation leur fut accordée en 1254.

Ce *guet des métiers* ou *des Bourgeois* était organisé comme le fut beaucoup plus tard notre *garde nationale*. Sous le commandement de quarteniers, cinquanteniers et dizainiers, chaque habitant devait à son tour

---

[1]. Joinville, *Histoire de saint Louis*, p. 42.

le service. Les deux *clercs du guet* distribuaient chaque jour les billets de garde, et les hommes désignés se rendaient au Châtelet, à l'entrée de la nuit pendant l'hiver et à l'heure du couvre-feu pendant l'été. Après l'appel, ils étaient distribués dans les différents quartiers, où ils devaient veiller et faire des patrouilles. Un autre point de ressemblance entre le guet des métiers et la garde nationale, c'est que d'abord réclamé par tous, chacun chercha bientôt à s'en affranchir. Etaient exempts de droit : les hommes âgés de plus de soixante ans, les boiteux, les estropiés, le mari dont la femme était en couches, les maîtres des métiers, les bourgeois non marchands, les gens de lois, notaires ou avocats, les artisans dont les travaux servaient à l'équipement des gens de guerre, ceux aussi que leur profession mettait en rapport direct avec le clergé, la noblesse ou la riche bourgeoisie; de ce nombre étaient les parcheminiers, les libraires, les copistes, les enlumineurs, les sculpteurs, les selliers, les haubergiers, les chasubliers, les orfévres, les apothicaires, les étuvistes, etc., etc. Les couteliers obtinrent de faire faire le service du guet par leurs ouvriers; les tonneliers pouvaient s'en exempter pendant l'été en payant au roi la valeur d'une journée de travail.

Bien d'autres redevances plus lourdes frappaient les bourgeois et les artisans.

Les bases de l'impôt étaient à peu près les mêmes qu'aujourd'hui ; l'impôt indirect et l'impôt direct existaient déjà.

L'Etat percevait des droits sur les transmissions des immeubles ou les mutations de propriétés [1], sur la vente des marchandises en général, sur le sel, sur les boissons, les comestibles, etc. L'artisan qui devenait acquéreur d'un fonds devait acheter le droit d'exercer son industrie. Enfin, le roi, la hanse parisienne et plus tard le prévôt des marchands levaient un impôt sur toutes les denrées expédiées dans l'un des ports dont ils avaient le monopole.

La noblesse et le clergé n'étaient même pas, comme on va le voir, dispensés de toute redevance envers l'Etat.

L'impôt direct comprenait l'*Aide* et la *Taille*. C'est seulement au siècle suivant que ce dernier terme devint générique, et servit à désigner toute espèce d'impôt direct.

1. Voy. le *Recueil des ordonnances des rois de France*, t. XVI, préface, p. xxxiv.

L'aide (*auxilium*) était une redevance que le vassal était tenu de payer à son seigneur dans cinq cas déterminés :

1º Au roi, pour la défense du territoire; et aux seigneurs, pour l'obligation de suivre leur suzerain à la guerre;

2º Pour le mariage de la fille aînée du seigneur;

3º Pour la promotion de son fils aîné à la dignité de chevalier;

4º Pour le départ du seigneur en Palestine;

5º Pour la rançon du seigneur s'il était fait prisonnier de guerre.

L'aide était dû, dans ces cinq cas, par tous les ordres de l'Etat, clergé, noblesse, bourgeois, vilains et manans.

La Taille, impôt tout à fait arbitraire, pouvait être exigée par le seigneur toutes les fois que l'argent lui manquait, et sans autre règle que son bon plaisir.

La perception de la Taille fut régularisée par saint Louis vers 1270. Trente ou quarante bourgeois, élus par les principaux d'entre eux, choisissaient à leur tour douze répartiteurs, qui juraient de bien et fidèlement asseoir la Taille, sans épargner ni surcharger personne, et sans se laisser guider par aucun sentiment de haine, de crainte ou d'affection [1].

La Taille fut d'abord du centième, puis du cinquantième du revenu. Chaque contribuable déclarait par serment l'état de ses meubles et de ses immeubles, et si la déclaration était reconnue fausse, le délinquant perdait la partie de ses biens qu'il avait voulu soustraire à l'impôt. Tout le monde devait la Taille, sauf les ecclésiastiques et les nobles. Cependant les bourgeois, vilains et manans qui se croisaient étaient exempts de la Taille pendant l'année où ils avaient pris la croix ; d'un autre côté, l'exercice d'un commerce ou d'une industrie quelconque faisait perdre aux membres des deux ordres privilégiés le bénéfice de l'exemption.

M. H. Géraud s'est trompé quand il a regardé la contribution levée en 1292 comme une Taille ordinaire, du cinquantième du revenu. Un manuscrit récemment découvert aux Archives nationales [2] prouve que cette Taille était un don gratuit de cent mille livres,

---

1. Voy. Ducange, *Glossarium infimæ latinitatis*, v° Tallia, et le *Recueil des ordonnances des rois de France*, t. I, p. 291.
2. E. Boutaric, *la France sous Philippe le Bel*, p. 257. — *Musée des Archives nationales*, p. 163.

exigible par annuités, et accordé par la Ville de Paris, sous la condition d'être dispensée d'un impôt indirect d'un denier pour livre sur les objets de consommation, impôt connu sous le nom de Maltote.

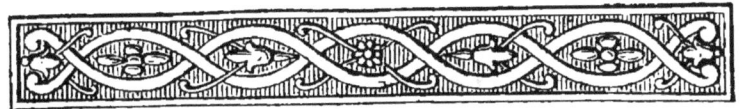

NOMENCLATURE

DES RUES, PLACES, CARREFOURS, PORTES, PAROISSES, CROIX, PALAIS, ETC.

DE PARIS AU XIIIe SIÈCLE

D'APRÈS LA TAILLE DE 1292 [1].

PARROISSE SAINT-GERMAIN-L'AUCERRAIS [2].

Porte Saint-Honoré [3].
Rue Saint-Thoumas [4].
Le manoir du Louvre.

---

1. Voy. ci-dessus l'*Introduction*, p. 104 et suiv.

Nous nous sommes servi du manuscrit conservé à la Bibliothèque nationale, fonds français, n° 6220.

M. H. Géraud a consacré, en 1837, à la Taille de 1292 un travail approfondi, dans lequel on n'aurait guère trouvé alors à ajouter ou à corriger; mais on sait que, depuis cette époque, la moitié au moins des rues de Paris a disparu ou changé de nom.

Nous ne publions pas dans ce volume le célèbre *Dit des rues de Paris* de Guillot. Quoi

Rue de Froit-Mantel [1].
— Jehan de Saint-Denys [2].
— au Chantre [3].
— de Champ-Flouri [4].
— de Biau-Véoir [5].

qu'en ait dit l'abbé Lebeuf et les nombreux écrivains qui sont venus après lui, cette pièce ne peut avoir été écrite avant 1315. Nous le prouverons ailleurs.

2. de la page précéd. Saint-Germain-l'Auxerrois.

3. de la page précéd. Alors située *rue Saint-Honoré*, sur l'emplacement qu'occupe aujourd'hui le portail du temple de l'Oratoire.

4. de la page précéd. *Rue Saint-Thomas-du-Louvre*. Son emplacement est aujourd'hui compris dans la *place du Carrousel*, la *place Napoléon*, le *Louvre* et la *rue de Rivoli*.

1. Devenue *rue du Musée* en 1839. Elle était parallèle à la précédente, et fut supprimée en même temps.

2. Devenue *rue Pierre-Lescot*. Son emplacement se trouve aujourd'hui compris dans le périmètre du *Grand Hôtel du Louvre*.

3. Supprimée en 1854 lors de la continuation de la *rue de Rivoli*.

4. Devenue *rue de la Bibliothèque* en 1806, et comprise aujourd'hui dans l'emplacement du *Grand Hôtel du Louvre*.

5. Devenue *rue de Beauvais*. Supprimée vers 1812.

Rue de Riche-Bourc [1].
— de Hosteriche [2].
Porte du Louvre [3].
Escole Saint-Germain [4].
Rue des Poulies [5].
— Jehan-Evrout [6].
— Jehan-Tyson [7].
La Croiz [8].
Rue d'Averon [9].
Fossé Saint-Germain [10].

1. Devenue *rue du Coq-Saint-Honoré;* aujourd'hui *rue de Marengo.*
2. Aujourd'hui *rue de l'Oratoire.*
3. Placée à l'extrémité du pont des Arts actuel, un peu en amont, et plus près du Louvre que du quai.
4. C'est l'emplacement du *quai de l'Ecole,* aujourd'hui *quai du Louvre.*
5. Aujourd'hui *rue du Louvre.*
6. Cette rue n'est citée que dans la Taille de 1292. Elle se trouvait évidemment près du Louvre et aux environs des rues qui viennent d'être citées; c'est tout ce que nous en pouvons dire.
7. Aujourd'hui *rue Jean-Tison.*
8. La croix du Tiroer. Voy. ci-dessous, p. 112, note 5.
9. Aujourd'hui *rue Bailleul.*
10. Aujourd'hui *rue Perrault.*

Le Tro-Bernart [1].
Place aus Marchéanz [2].
Rue Col-de-Bacon [3].
Encloistre Saint-Germain [4].
Rue de la Croiz-du-Tiroer [5].
— Renier-Bourdon [6].
— Tybaut-aus-Dez [7].
— Saint-Germain [8].
— Guillaume-Bourdon [9].

1. Devenue *rue du Demi-Saint*, puis supprimée en 1854.

2. Emplacement de la *place de l'Ecole* actuelle.

3. Devenue *rue Cour-Bâton*, puis *impasse Sourdis*. Supprimée vers 1855.

4. Le cloître de Saint-Germain-l'Auxerrois entourait l'église.

5. Cette croix était située au point d'intersection des *rues Saint-Honoré* et *de l'Arbre-Sec*, presque à l'endroit où se trouve aujourd'hui une fontaine. La rue ici désignée est donc sans doute la partie de la *rue Saint-Honoré* qui allait de la *rue de l'Arbre-Sec* à la *rue Renier-Bourdon*.

6. Devenue *rue des Bourdonnais*.

7. Aujourd'hui réunie à la *rue des Bourdonnais*.

8. *Rue Saint-Germain-l'Auxerrois*.

9. Devenue *rue Béthisy*, puis supprimée en 1855.

Le Quarrefour [1].
Tyre-Chape [2].
Gloriète [3].
Rue au Cerf [4].
La Ferronnerie [5].
La Viez place aus Pourciaus [6].
Rue Rolant-l'Avenier [7].
— Guillaume-Porée [8].
— Bertin-Porée [9].
— aus ij Portes [10].

1. Celui qui était formé par la rencontre de la *rue de l'Arbre-Sec* et de la *rue des Fossés-Saint-Germain-l'Auxerrois*.
2. Devenue *rue Tirechappe*, elle a disparu lors de la création de la *rue du Pont-Neuf*.
3. Aujourd'hui *rue Baillet*.
4. Devenue *rue de la Monnaie*. Dès la fin du XIVe siècle, l'hôtel des Monnaies y avait été transféré.
5. Elle commençait alors à la *rue Rénier-Bourdon*, et finissait au cimetière des Innocents. De là, jusqu'à la *rue Saint-Denis*, elle se nommait *La Charronnerie*.
6. Aujourd'hui *rue de la Limace*.
7. Aujourd'hui *rue du Plat-d'Etain*.
8. Aujourd'hui *rue des Deux-Boules*.
9. Aujourd'hui *rue Bertin-Poirée*.
10. Aujourd'hui *rue des Orfévres*. Elle chan-

Ruèle feu Jehan-le-Jœlier [1].
L'abevroer Jehan-Popin [2].
Quarrefour de la Porte [3].
Rue aus Lavendières [4].
Le Perrin-Gascelin [5].
La Harengerie [6].
La Saunerie [7].
Porte du Chastelet [8].

gea de nom vers 1399, époque où la confrérie des orfévres y fit construire un hôpital et une chapelle.

1. Transformée en *rue des Trois-Visages*, elle redevint une impasse à dater de 1783. — *Jœlier* signifie *Joaillier*.

2. Situé à l'extrémité d'une rue qui devint la *rue de l'Abreuvoir-Pépin*.

3. De la Porte de Paris, ou porte du Châtelet, qui traversait le Grand-Châtelet.

4. Aujourd'hui *rue des Lavandières-Sainte-Opportune*.

5. Devenue *rue Perrin-Gasselin*, puis supprimée en 1855.

6. Devenue *rue de la Vieille-Harangerie*, puis supprimée lors de la continuation de la *rue de Rivoli*.

7. Devenue *rue de la Sonnerie*, elle reprit ensuite son nom primitif, et fut supprimée en 1855.

8. La porte du Grand-Châtelet, sur l'emplacement de la *place du Châtelet* actuelle.

PARROISSE SAINT-HUITACE [1].

Pointe Saint-Huitace [2].
Porte de Monmartre [3].
Rue Raoul-Roissole [4].
Porte au Coquillier [5].
La Croiz-Neuve [6].
Rue de la Plastrière [7].
— aus Prouvoires [8].
La Tounèlerie [9].
Rue du Four [10].
— Traversainne [11].

1. Saint-Eustache.
2. *Pointe Saint-Eustache.*
3. Située *rue Montmartre*, entre la *rue du Jour* et la *rue Jean-Jacques-Rousseau*.
4. Aujourd'hui *rue du Jour*.
5. Située *rue Coquillière*, entre la *rue du Jour* et la *rue Jean-Jacques-Rousseau*.
6. Située à l'extrémité de la *rue du Jour*.
7. Aujourd'hui *rue Jean-Jacques-Rousseau*, mais elle commençait alors à la *rue Coquillière*.
8. *Rue des Prouvaires.*
9. Devenue *rue de la Tonnellerie*, puis supprimée lors de la création des *Halles Centrales*.
10. *Rue du Four-Saint-Honoré*, aujourd'hui *rue Vauvilliers*.
11. Aujourd'hui *rue des Deux-Ecus*.

Rue de Vernueil [1].
La Grant-Rue [2].
Le Cimetire Saint-Honoré [3].
Rue du Chevez-Saint-Honoré [4].
— Poile-Con [5].
— de Guernèles [6].
Porte Saint-Denys [7].
Chastiau-Fétu [8].

1. M. Géraud croit qu'il faut reconnaître ici la *rue des Vieilles-Etuves-Saint-Honoré*, devenue aujourd'hui la *rue Sauval*.
2. *Saint-Honoré*.
3. Le cimetière, le cloître et l'église Saint-Honoré étaient situés sur l'emplacement appelé aujourd'hui le *Cloître Saint-Honoré*. La *rue* actuelle *des Bons-Enfants* longeait le cimetière.
4. Aujourd'hui *rue Croix-des-Petits-Champs*.
5. Aujourd'hui *rue du Pélican*.
6. *Rue de Grenelle-Saint-Honoré*; elle est aujourd'hui réunie à la *rue Jean-Jacques-Rousseau*, dont elle était la continuation.
7. Située *rue Saint-Denis*, à la hauteur de l'*impasse des Peintres*.
8. Monument situé sans doute dans la *rue Saint-Honoré*, entre la *rue des Prouvaires* et la *rue des Bourdonnais*. Au reste, son usage (une halle pour les étoffes, dit l'abbé Lebeuf) comme sa situation ont donné lieu à de nombreuses controverses.

Rue de Mau-Conseil [1].
— de Merderel [2].
La Grant-Rue [3].
Rue au Cyne [4].
La Truanderie [5].
Rue de la Chanverrie [6].
— aus Preschéeurs [7].
La Coçonnerie [8].
Rue au Fuerre [9].
Les Hales [10].

PARROISSE SAINT-SAUVÉEUR [11].

Rue Saint-Sauvéeur [12].

1. Aujourd'hui *rue Mauconseil*.
2. Aujourd'hui *rue Verderet*.
3. *Saint-Denis*.
4. Aujourd'hui *rue du Cygne*.
5. Aujourd'hui *rue de la Grande-Truanderie*.
6. Devenue *rue de la Chanverrerie*, puis supprimée lors du percement de la *rue de Rambuteau*.
7. Aujourd'hui *rue des Prêcheurs*.
8. Aujourd'hui *rue de la Cossonnerie*.
9. Devenue *rue aux Fers*, et depuis 1853 *rue Berger*.
10. *Les Halles*. Placées à l'ouest du *cimetière des Innocents*, à peu près sur le même emplacement que les halles actuelles.
11. L'église Saint-Sauveur a été démolie en 1787.
12. *Rue Saint-Sauveur*.

Rue Perciée [1].
— de Biau-Repère [2].
— aus ij Portes [3].
— de Tire-Vit [4].
— Pavée [5].
— au Lyon [6].
Darne-Estat [7].

PARROISSE SAINT-LEU-ET-SAINT-GILE [8].

Rue Auberi-le-Bouchier [9].

1. Devenue *rue du Renard-Saint-Sauveur*, elle a été récemment réunie à la *rue Grenétat*.
2. Devenue *rue Beaurepaire ;* c'était la continuation de la *rue du Renard*, et elle a été, comme cette dernière, réunie à la *rue Grenétat*.
3. *Rue des Deux-Portes-Saint-Sauveur*.
4. Aujourd'hui *rue Marie-Stuart*. — Sur les noms de ce genre qu'ont portés certaines rues de Paris, voy. A.-F., *Etude sur le plan de Paris de* 1540, *dit Plan de Tapisserie*, p. 57, 74, 139, 148, 192, 194, 202, 205, 271 et 290.
5. Aujourd'hui réunie à la *rue Tiquetonne*, dont elle était la continuation.
6. Devenue *rue du Petit-Lion*, et aujourd'hui réunie à la *rue Tiquetonne*.
7. Nommée plus loin *rue de Dennestal ;* c'est aujourd'hui la *rue Grenétat*.
8. Cette église existe encore dans la *rue Saint-Denis*, mais elle a été reconstruite en 1320.
9. *Rue Aubry-le-Boucher*.

Le Bourc-l'Abé [1].

Rue où l'en cuit les Oës [2].

— Saint-Martin.

La Sale au conte de Danmartin [3].

Hue-Leu [4].

La Croiz [5].

PARROISSE SAINT-INNOCENT [6] ET SAINTE-OPORTUNE [7].

La Charronnerie [8].

1. La *rue Bourg-l'Abbé* est aujourd'hui comprise dans le parcours du *boulevard de Sébastopol*.

2. La *rue où l'on cuit les Oies*, devenue la *rue aux Ours*.

3. Devenue *rue Salle-au-Comte*, puis comprise dans le parcours du *boulevard de Sébastopol*.

4. Devenue *rue du Grand-Hurleur*, puis supprimée en 1855.

5. La Croix de la Reine, située *rue Saint-Denis*, en face de la *rue Grenétat*.

6. L'église Saint-Innocent, plus souvent nommée des Innocents, était située sur l'emplacement de l'ancien marché des Innocents, à peu près à l'angle de la *rue Saint-Denis* et de la *rue Berger* actuelle. Elle fut démolie en 1791.

7. L'église Sainte-Opportune, démolie en 1795, était située *rue Saint-Denis*, à la hauteur de la *rue Courtalon* actuelle.

8. Voy. la note 5, p. 113.

La Cordoanerie [1].
Les Petits-Solers [2].
Ruèle de la Barre [3].

PARROISSE SAINT-LORENZ [4].

La Pissote Saint-Martin [5].
La Grant-Rue devers les Filles-Dieu [6].

1. Devenue *rue de la Cordonnerie*, puis supprimée lors de la construction des *Halles Centrales*.

2. *Les Petits-Souliers*, aujourd'hui *rue de l'Aiguillerie*.

3. Cette impasse que tous les anciens plans indiquent, mais qui n'est nommée sur aucun, donnait presque au milieu de la *rue de l'Aiguillerie* sur le côté gauche, et, traversant le *cloître Sainte-Opportune*, conduisait à l'une des portes de l'église.

4. Cette église existe encore. Elle est située *rue du Faubourg-Saint-Martin*, à la hauteur de la *rue Sibour*, mais elle a été rebâtie en 1429 et en 1595.

5. Ce mot de *Pissote* désigne probablement une fontaine, et celle qui est citée ici se trouvait sans doute entre la *rue Saint-Martin* et la *rue du Temple*, à l'endroit où fut plus tard ouverte la *rue des Fontaines*.

6. Ce ne peut être qu'une portion de la *rue Saint-Denis*. La *rue* actuelle *des Filles-Dieu* indique assez exactement la place qu'occupait ce couvent.

Rue Guérin-Boucel [1].
La granche de Fains [2].
La Courtille [3].
La Vile Saint-Lorenz [4].

PARROISSE SAINT-JOSSE [5].

La Baudraierie [6].
Rue Saint-Martin.
— aus Jugléeurs [7].

1. Devenue *rue Guérin-Boisseau,* puis supprimée en 1854.
2. *La Grange-de-Foin.* C'était sans doute un fief, comme *la Grange-Batelière.*
3. On appelait *Courtilles* des jardins publics situés aux extrémités de la ville, et où les habitants se réunissaient les jours de fêtes. C'est ce que plus tard on a nommé des *Guinguettes.*
4. On disait également la ville Saint-Marcel, la ville Saint-Germain, pour désigner des quartiers situés hors des murs.
5. Eglise démolie en 1791 ; elle était située *rue Aubry-le-Boucher,* à l'angle de la *rue Quincampoix* actuelle.
6. Soit la *rue Maubué,* soit la partie de la *rue des Cinq-Diamants* (aujourd'hui réunie à la *rue Quincampoix*) qui allait de la *rue Ogniard* (aujourd'hui *rue de la Reynie*) à la *rue Aubry-le-Boucher.*
7. Devenue *rue des Ménétriers,* et comprise

PARROISSE SAINT-NICOLAS-DES-CHANS [1],
DEHORS LES MURS.

Rue Guernier de Saint-Ladre [2].
La Poterne Huideron [3].
Rue Michiel-le-Conte [4].
— du Temple.
— de Frépillon [5].
— aus Graveliers [6].
— Chapon.
— de Trace-Putain [7].

en 1840 dans le parcours de la *rue de Rambuteau*. — *Jugléeur* signifiait joueur d'instrument, chanteur, ménétrier.

1. Elle existe encore, à l'angle de la *rue Saint-Martin* et de la *rue Turbigo;* mais l'édifice actuel date de 1575.
2. Aujourd'hui *rue Grenier-Saint-Lazare*.
3. Devenue *porte de Beaubourg*, et située dans cette rue à la hauteur de l'*impasse Beaubourg* actuelle. A l'origine, elle établissait une communication entre la partie annexée de *Beaubourg* et la partie qui avait été laissée par Philippe-Auguste hors de l'enceinte.
4. Aujourd'hui *rue Michel-le-Comte*.
5. Aujourd'hui comprise dans la *rue Volta*.
6. Aujourd'hui *rue des Gravilliers*.
7. Devenue *rue Transnonnain*, puis réunie à

Rue du Cymetire [1].

PARROISSE SAINT-NICOLAS-DES-CHANS,
DEDENZ LES MURS.

Rue Symon-Franque [2].
— de la Platrière [3].
— des Estuves [4].
— de Cul-de-Sac [5].
— de Biau-Bourc [6].
Porte du Temple [7].
Rue de Quiquempoist [8].

la *rue Beaubourg* dont elle était la continuation. Voy. ci-dessus, p. 118, note 4.

1. Devenue *rue du Cimetière-Saint-Nicolas*, puis réunie en 1851 à la *rue Chapon*, dont elle était la continuation.

2. Nommée plus bas *rue Symon-le-Franc*. On écrit aujourd'hui *rue Simon-le Franc*.

3. Devenue *rue de la Corroierie*, elle a été réunie en 1851 à la *rue de Venise*, dont elle était la continuation.

4. Aujourd'hui *rue des Vieilles-Etuves (Saint-Martin)*.

5. Aujourd'hui *impasse Berthaud*.

6. Aujourd'hui *rue Beaubourg*.

7. Située dans la *rue du Temple* actuelle, entre la *rue Rambuteau* et la *rue Geoffroy-l'Angevin*.

8. On écrit aujourd'hui *rue Quincampoix*.

PARROISSE SAINT-MERRI [1].

Rue de Mibray [2].
— des Arsis [3].
— Saint-Merri [4].
L'Atacherie [5].
Ruèle de lèz le Mareschal [6].
Quarrefour Guillorille [7].
Rue Saint-Bon.
Ruèle Saint-Bon [8].

1. Elle existe encore, *rue Saint-Martin*, à l'angle de la *rue du cloître Saint-Merri;* mais l'édifice actuel date du XVIe siècle.
2. Devenue *rue Planche-Mibray*, puis réunie, en 1851, à la *rue Saint-Martin*.
3. Devenue *rue des Arcis;* elle a été, en 1851, réunie à la *rue Saint-Martin*.
4. Aujourd'hui *rue de la Verrerie*.
5. Aujourd'hui *rue de la Tacherie*. — Au XIIIe siècle on nommait Atachéeurs, Atachiers, les fabricants d'agrafes.
6. Sans doute notre *impasse Saint-Benoît*.
7. Devenu *carrefour Guilleri* ou *Guillori*, il était situé à la rencontre des *rues de la Coutellerie, Jean-Pain-Mollet, Jean-de-l'Epine, de la Poterie* et *de la Tixeranderie*. Il a disparu vers 1855, lors de la rectification des abords de *l'hôtel de ville*.
8. Devenue *rue de la Lanterne-des-Arcis*, elle

— 125 —

Rue Anès-la-Bouchière [1].
Encloistre Saint-Merri [2].
Rue de Baille-Hoë [3].
L'archet Saint-Merri [4].
La Court Robert de Paris [5].
Rue Giefroi-l'Engevin [6].
— Neuve [7].
— Pierre-au-Lart [8].
— Anfroi-des-Grès [9].
— du Plâtre.

allait de la *rue Saint-Bon* à la *rue des Arcis*. Elle a disparu en 1855.

1. *Rue Agnès-la-Bouchère*. On croit que ce nom s'appliquait à l'extrémité occidentale de la *rue de la Bretonnerie*.
2. Situé autour de l'église.
3. Aujourd'hui *rue Brisemiche*.
4. Ancienne porte, dépendante d'une enceinte antérieure à Philippe-Auguste, et qui était située dans la *rue Saint-Martin* à la hauteur de l'église Saint-Merri.
5. Aujourd'hui *rue du Renard-Saint-Merri*.
6. On écrit aujourd'hui *rue Geoffroy-l'Angevin*.
7. Aujourd'hui *rue Neuve-Saint-Merri*.
8. On écrit aujourd'hui *rue Pierre-au-Lard*.
9. Soit la partie méridionale de la *rue Pierre-au-Lard*, soit l'*impasse du Bœuf*.

Rue des Blans-Mantiaus [1].
La petite Bouclerie [2].
Rue des Petiz-Chans [3].
Rue Eudebourc-la-Tresfilière [4].
— de Bière [5].

PARROISSE SAINT-JAQUE [6].

La Bufeterie [7].
Rue Amauri-de-Roissi [8].

1. On écrit aujourd'hui *rue des Blancs-Manteaux*.
2. Devenue *rue du Poirier;* aujourd'hui *rue Brisemiche*.
3. Aujourd'hui *rue Brantôme*.
4. Aujourd'hui la partie orientale de la *rue de Venise*. — On appelait Treffiliers les fabricants de fil d'archal et de fil de fer.
5. Peut-être l'*impasse de Venise*, qui ouvre dans la *rue Quincampoix*.
6. L'église Saint-Jacques-la-Boucherie a été démolie au commencement de la Révolution; elle était attenante à la tour qui figure aujourd'hui au milieu du square.
7. Aujourd'hui *rue des Lombards*.
8. Devenue *rue Ogniard*, puis réunie, en 1851, à la *rue de la Reynie* (ancienne *rue Trousse-Vache*), dont elle était la continuation.

Quarrefour Saint-Joce [1].
Rue de la Courroierie [2].
Trousse-Vache [3].
Rue Guillaume-Joce [4].
Quarrefour Saint-Merri [5].
Rue de la Viez-Monnoie [6].
— Saint-Jaque [7].
La Pierre-au-Let [8].

1. Situé à la rencontre des *rues Quincampoix* et *Aubry-le-Boucher*.
2. C'était la partie de la *rue des Cinq-Diamants* (réunie depuis 1851 à la *rue Quincampoix*) qui allait de la *rue des Lombards* à la *rue Ogniard* (aujourd'hui *rue de la Reynie*).
3. Aujourd'hui *rue de la Reynie*. Voy. p. 126, note 8.
4. Devenue *rue des Trois-Maures*, et aujourd'hui comprise dans le parcours du *boulevard de Sébastopol*.
5. Situé à la rencontre des rues actuelles *Saint-Martin*, *des Lombards* et *de la Verrerie*.
6. Devenue *rue de la Vieille-Monnaie*, puis comprise dans le parcours du *boulevard de Sébastopol*.
7. *Rue Saint-Jacques-la-Boucherie*, réunie en 1851 à la *rue de la Vannerie*, dont elle était la continuation. Toutes deux sont aujourd'hui comprises dans le parcours de l'*avenue Victoria*.
8. Devenue *rue des Ecrivains*; on réunit

Le Grant-Marivas [1].
Ruèle Aussel-d'Argenteull [2].
Le Petit-Marivas [3].
Rue Sainte-Katerine [4].
La Sèlerie [5].
Rue de la Poulaillerie [6].
— de la Savonnerie [7].

sous ce nom, en 1851, les *rues des Ecrivains, Jean-Pain-Mollet* et *de la Heaumerie*, et toutes trois ont été supprimées en 1853, lors de la continuation de la *rue de Rivoli*.

1. Devenue *rue Marivaux-des-Lombards* et, depuis 1851, *rue Nicolas-Flamel*.

2. Devenue *impasse des Etuves*, puis supprimée en 1853.

3. Devenue *Petite-Rue-Marivaux*, et, depuis 1851, nommée *rue Pernelle*.

4. Elle allait de la *rue Saint-Denis* à la *rue de la Vieille-Monnaie*, en passant près de la porte de l'*Hôpital Sainte-Catherine*; au milieu du XVIIe siècle les religieux la comprirent dans les bâtiments de l'hôpital.

5. On appelait ainsi la partie de la *rue Saint-Denis* actuelle qui va de la *rue Aubry-le-Boucher* à l'*avenue Victoria*.

6. Devenue l'*impasse du Chat-Blanc*, qui a été supprimée en 1853, lors du percement du *boulevard de Sébastopol*.

7. Supprimée en 1853, et aujourd'hui comprise dans le parcours de la *rue de Rivoli*.

Rue de la Hiaumerie [1].
— Jehan-le-Conte [2].
La Draperie [3].
Quarrefourc de Mibrai [4].
La Tanerie [5].
La Pierre-au-Poisson [6].

PARROISSE SAINT-GERVÈS [7].

La Vanerie [8].

1. Devenue *rue de la Heaumerie*, puis en 1851 *rue des Ecrivains*, et supprimée en 1853.

2. Devenue *rue d'Avignon*, puis comprise, en 1851, dans le parcours de la *rue de Rivoli*.

3. Peut-être le *quai de Gesvres* actuel.

4. A la rencontre de la *rue Saint-Martin* et de l'*avenue Victoria*.

5. Devenue *rue de la Tannerie*, puis supprimée en 1854 lors de l'établissement de l'*avenue Victoria*.

6. Devenue *rue Pierre-à-Poisson*, puis supprimée en 1855 pour l'agrandissement de la *place du Châtelet*.

7. L'église Saint-Gervais datait alors de 1212. L'édifice actuel a été commencé en 1616.

8. Devenue *rue de la Vannerie*, réunie en 1851 à la *rue Saint-Jacques-la-Boucherie*, puis supprimée en 1855 et comprise dans le parcours de l'*avenue Victoria*.

Rue Frogier-l'Asnier [1].
Cymetière Saint-Jehan [2].
Rue Anquetin-le-Fauchéeur [3].
— Garnier-desus-l'Eaue [4].
— Estienne de Bailly [5].
— de la Cortille-Barbeite [6].
Porte Barbeite [7].
Viez rue du Temple [8].
Rue Jehan-Noblet [9].
— au Roi-de-Cézile [10].

1. Aujourd'hui *rue Geoffroy-l'Asnier*.
2. Il était situé sur l'emplacement de la *place du Marché-Saint-Jean*, aujourd'hui réunie à la *rue Bourgtibourg*.
3. Devenue *rue de la Croix-Blanche*, puis en 1847 *rue de Bercy*, et réunie aujourd'hui à la *rue du Roi-de-Sicile*.
4. Aujourd'hui *rue Grenier-sur-l'Eau*.
5. Devenue *rue de Longpont*, et depuis 1838 *rue Jacques-de-Brosse*.
6. Cette *courtille* (voy. la note 3, p. 121) était sans doute établie hors de la *Porte Barbette*, porte située *rue Vieille-du-Temple* un peu au-dessous de l'endroit où celle-ci rencontre la *rue de Paradis*.
7. Voy. la note précédente.
8. Aujourd'hui *rue Vieille-du-Temple*.
9. Peut-être la *rue Cloche-Perche* actuelle.
10. On écrit aujourd'hui *rue du Roi-de-Sicile*.

Les Chapeaus [1].

Rue des Rosiers.

— à la Quoquerée [2].

— des Escoufles [3].

PARROISSE SAINT-JEHAN-EN-GRÈVE [4].

Rue aus Commanderresses [5].

— aus Coiffières [6].

Ruèle Saint-Jehan [7].

1. C'est aujourd'hui la *place Baudoyer*. (Voy. ci-dessous, note 9, p. 133.)

2. Devenue *impasse Coquerelle*, dans la *rue des Juifs*.

3. On écrit aujourd'hui *rue des Ecouffes*.

4. Eglise démolie pendant la Révolution, et dont l'emplacement est aujourd'hui compris dans les constructions ajoutées à l'hôtel de ville en 1838.

5. Aujourd'hui *rue de la Coutellerie*. — On nommait commanderesses ou recommanderesses les femmes qui se chargeaient de procurer des places aux servantes et aux nourrices.

6. Devenue *rue de Jean-l'Epine*, puis supprimée en 1853 pour l'agrandissement de la *place de l'Hôtel-de-Ville*.— Les coiffières étaient des faiseuses de coiffes.

7. Devenue *rue des Vieilles-Garnisons*, puis supprimée en 1838, et comprise alors dans l'emplacement de l'hôtel de ville.

Le Martelet-Saint-Jehan [1].
Rue Saint-Jehan [2].
La Grève.
Rue de la Barre [3].
— Lambert-de-Chièle [4].
— de Chartrou [5].
La Tesserranderie [6].
Rue de Violeite [7].
— Sire Gentien [8].

1. On nommait ainsi les deux rues qui, au nord et à l'est, entouraient le cloître de l'église Saint-Jean.
2. Devenue *rue du Martroi*, elle a été supprimée en 1837. Son emplacement est aujourd'hui représenté par la cour qui conduisait aux appartements particuliers du préfet de la Seine.
3. Aujourd'hui *rue des Barres*.
4. Nous ne pouvons préciser ni la situation exacte de cette rue ni son nom actuel.
5. Aujourd'hui *rue des Mauvais-Garçons*.
6. Devenue *rue de la Tixeranderie*, puis supprimée en 1851.
7. Devenue *impasse Saint-Faron*, puis supprimée en 1851 pour le prolongement de la *rue de Rivoli*.
8. Devenue *rue des Coquilles*, puis réunie à la *rue du Temple* en 1851.

Rue Andri-Malet [1].
— des Jardins [2].
La Bretonnerie [3].
Le Franc-Mourier [4].
Rue du Puis [5].
— Perronele de Saint-Pol [6].
— du Plastre.
Le Champ-aus-Bretons [7].

PARROISSE SAINT-POL [8].

Porte Baudéer [9].

1. Devenue *rue du Coq-Saint-Jean,* puis supprimée en 1854.
2. Aujourd'hui *rue des Billettes.*
3. Aujourd'hui *rue Sainte-Croix de la Bretonnerie.*
4. Aujourd'hui *rue de Moussy.*
5. Aujourd'hui *rue Aubriot.*
6. Aujourd'hui *rue de l'Homme-Armé.*
7. Carrefour situé à l'endroit où la *rue de l'Homme-Armé* rencontre la *rue des Blancs-Manteaux.*
8. Cette église, qui a disparu au commencement du siècle, était située *rue Saint-Paul,* à la hauteur du *passage Saint-Pierre* actuel. Elle était donc hors de l'enceinte élevée par Philippe-Auguste. L'église Saint-Paul, qui existe dans la *rue Saint-Antoine,* date de 1634; elle n'a rien

Porte Saint-Antoine [1].
Rue Percié [2].
— des Poulies [3].
— de Joï [4].
— aus Fauconniers [5].
— du Figuier.
— aus Nonnains d'Ierre [6].
La Foulerie [7].

de commun avec celle du XIIIe siècle, sauf le nom, qui lui fut donné après la démolition de celle-ci.

9. de la page précéd. Elle faisait partie du mur d'enceinte qui précéda celui de Philippe-Auguste, et était située sur l'emplacement de l'ancienne *place Baudoyer;* celle-ci est aujourd'hui représentée par la mairie du IVe arrondissement.

1. Elle faisait partie de l'enceinte de Philippe-Auguste, et était située *rue Saint-Antoine,* à la hauteur du collége Charlemagne. On la trouve souvent nommée, comme la précédente, *porte Baudoyer, Baudaier, Baudéer, Baudet,* etc.

2. Aujourd'hui *rue Percée-Saint-Antoine.*

3. Devenue *rue des Prêtres-Saint-Paul,* et, depuis 1844, *rue Charlemagne.*

4. On écrit aujourd'hui *rue de Jouy.*

5. Aujourd'hui *rue du Fauconnier.*

6. Aujourd'hui *rue des Nonnains-d'Yères.*

7. Devenue *rue de la Mortellerie,* et, depuis 1835, *rue de l'Hôtel-de-Ville.*

Rue des Viez-Poulies [1].
Le Bourc-Tybout [2].
Rue aus Singes [3].
— Renaut-le-Fèvre [4].
— de Tiron [5].
— qui est devant Saint-Pol [6].
— des Gardins [7].
Petite ruèle de Saint-Pol [8].
Grant rue de la Porte-Baudéer [9].
Rue Saint-Antoine.

1. Sans doute l'*impasse Putigneux* actuelle.
2. Aujourd'hui *rue Bourgtibourg*.
3. Aujourd'hui *rue des Guillemites*.
4. Comprise, depuis 1855, dans la *place du Marché-Saint-Jean*.
5. On écrit aujourd'hui *rue Tiron*.
6. C'est la *rue Saint-Paul* actuelle.
7. Aujourd'hui *rue des Jardins-Saint-Paul*.
8. Sans doute la *rue Neuve-Saint-Anastase*, aujourd'hui *rue Eginhard*.
9. La *rue Saint-Antoine* actuelle portait donc alors deux noms; à l'est c'était la *rue Saint-Antoine*, à l'ouest la *Grant rue de la Porte-Baudéer*. L'endroit où le nom changeait s'est sans cesse rapproché de l'hôtel de ville, et, en 1650, la *rue de la Porte-Baudoyer* ne commençait plus qu'à la *rue des Barres*.

PARROISSE SAINT-BARTHÉLEMI [1].

Place Saint-Michiel [2].
Rue de la Qualendre [3].
— de la Barillerie [4].
La Court-le-Roy.
La rue devant la Court-le-Roy [5].
La Péleterie [6].

1. Cette église était située presque en face du Palais de Justice. Elle fut vendue vers 1791.
2. Elle avait pris son nom de la petite chapelle de Saint-Michel, élevée dans l'enceinte même du Palais, et était située à l'extrémité du pont Saint-Michel, du côté du *boulevard du Palais*.
3. Devenue *rue de la Calendre*, son emplacement est aujourd'hui compris dans le périmètre de la caserne élevée au milieu de la Cité.
4. Aujourd'hui *boulevard du Palais*.
5. *La Court-le-Roy* ou cour du roi était la cour du Palais, et la *rue devant la Court-le-Roy* était la partie septentrionale de la *rue de la Barillerie*, vers le pont aux Changes. Cette extrémité, qui passait entre le Palais et l'église Saint-Barthélemy, fut longtemps nommée *rue Saint-Barthélemy*. Le *boulevard du Palais* a absorbé la *rue de la Barillerie* tout entière.
6. Devenue *rue de la Pelleterie;* aujourd'hui le *quai aux Fleurs*.

Rue de la Rivière-Jehan-le-Cras [1].
Grant-Pont [2].

PARROISSE SAINT-PÈRE-DES-ARSIS [3].

La Viez-Draperie [4].
Rue Gervèse-Loharenc [5].

PARROISSE SAINTE-CROIZ [6].

Rue de la Lanterne [7].
Ruèle Sainte-Croiz [8].

1. Sans doute la *rue du Pont-aux-Œufs*, qui allait de la *rue de la Pelleterie* à la rivière.
2. Le *Pont aux Changes* actuel.
3. L'église Saint-Pierre des Arsis était située sur l'emplacement de la *rue du Marché-aux-Fleurs*; elle a été démolie vers 1800.
4. Devenue *rue de la Vieille-Draperie*. puis supprimée, en 1838, lors du percement de la *rue de Constantine*.
5. Devenue *rue Gervais-Laurent*. Supprimée lors de la construction du *Tribunal de commerce*.
6. Située dans la rue de ce nom, et démolie en 1797.
7. Elle a été réunie en 1834 à la *rue de la Cité*, dont elle était la continuation.
8. Supprimée vers 1860.

PARROISSE SAINT-MACIAS [1].

Rue de la Ganterie [2].
— aus Fèves [3].
— de la Juierie [4].

PARROISSE SAINT-GERMAIN-LE-VIEILL [5].

Le Porche Pierre-la-Pie [6].
Ruèle Porte-Buche [7].
L'Orberie [8].

1. L'église Saint-Martial, dans la rue de ce nom, a été démolie en 1722.
2. On nommait sans doute ainsi le retour d'équerre que formait la *rue Saint-Eloi* avant de déboucher dans la *rue de la Vieille-Draperie*.
3. Le percement de la *rue de Constantine* avait fait disparaître une partie de cette rue, le reste a été abattu vers 1860.
4. Devenue *rue de la Juiverie*, et, en 1834, *rue de la Cité*.
5. Saint-Germain-le-Vieux, église qui fut démolie en 1802.
6. Peut-être la petite *rue des Cargaisons*, qui a été supprimée vers 1860.
7. Peut-être l'*impasse des Cargaisons*, qui aboutissait dans la rue de ce nom.
8. Devenue le *Marché-Neuf*. C'est aujourd'hui la partie du *quai du Marché-Neuf* qui touche le *Petit-Pont*.

PARROISSE DE LA MADELEINNE [1].

Rue des Oubloiers [2].

PARROISSE SAINT-DENIS-DE-LA-CHARTRE [3].

Ruèle des Planches-de-Mibrai [4].
Place Saint-Denis [5].
Le Porche aus Moinnes [6].
Chevès Saint-Denis-de-la-Chartre [7].

1. Eglise démolie pendant la Révolution.
2. Devenue *rue de la Licorne*, puis supprimée en 1866. — Les oubloiers étaient des marchands de gâteaux. Voy. l'*Introduction*, p. 50.
3. Eglise démolie en 1810. C'est là, dit-on, que saint Denis fut emprisonné.
4. Nous avons déjà trouvé, dépendant de la paroisse Saint-Merri, une *rue de Mibray*. La *ruelle des Planches-de-Mibray* aboutissait sur la rive gauche et la *rue de Mibray* sur la rive droite à un petit pont de bois dit *Pont des Planches-de-Mibray*, situé sur l'emplacement du *Pont Notre-Dame* actuel.
5. Située devant l'église *Saint-Denis de la Chartre*, espace aujourd'hui compris dans la *rue de la Cité*.
6. Devenue la *rue du Haut-Moulin*, elle passait entre Saint-Denis de la Chartre et Saint-Symphorien.
7. Aujourd'hui *rue Basse-des-Ursins*.

PARROISSE SAINT-LANDRI [1].

Glatingni [2].
Rue de l'Image-de-Sainte-Katerine [3].
— Saint-Landri [4].
— de Colombe [5].

PARROISSE SAINT-PÈRE-AUS-BUES [6].

Rue Saint-Père-aus-Bues [7].
La Court Ferri de Paris [8].
Les Marmosez [9].
Cocatriz [10].
Sainte-Marine [11].

1. Eglise devenue propriété nationale, et vendue en 1792.
2. Aujourd'hui *rue de Glatigny*.
3. Aujourd'hui *rue Haute-des-Ursins*.
4. Aujourd'hui *rue Saint-Landry*.
5. Aujourd'hui *rue de la Colombe*.
6. L'église Saint-Pierre-aux-Bœufs, dans la rue de ce nom, devenue *rue d'Arcole*, a été vendue pendant la Révolution, puis démolie.
7. Devenue *rue Saint-Pierre-aux-Bœufs*, puis supprimée en 1837, lors du percement de la *rue d'Arcole*.
8. Aujourd'hui *rue des Trois-Canettes*.
9. Aujourd'hui *rue des Marmousets*.
10. On écrit aujourd'hui *rue Cocatrix*.
11. Aujourd'hui *impasse Sainte-Marine*.

PARROISSE SAINT-CHRISTOFLE [1].

Rue de Charrori [2].
— Saint-Christofle.
— aus Oës [3].
— Neuve-Nostre-Dame.
— du Sablon [4].

PARROISSE SAINTE-GENEVIÈVE-LA-PETITE [5].

Rue de Marché-Palu [6].
Porche Sainte-Geneviève [7].
Quarrefourc de Marché-Palu [8].

1. L'église Saint-Christophe, située en face de Notre-Dame, a été démolie en 1747. Son emplacement est aujourd'hui compris dans la *place du Parvis*.

2. Sans doute l'extrémité orientale de la *rue Saint-Christophe* actuelle.

3. *Rue aux Oies*, comprise aujourd'hui dans la *place du Parvis*.

4. Depuis longtemps renfermée dans les bâtiments de l'Hôtel-Dieu.

5. Eglise nommée aussi Sainte-Geneviève-des-Ardents; elle a été démolie en 1747.

6. C'est le commencement de la *rue de la Cité* actuelle, près du Petit-Pont.

7. L'*impasse de Jérusalem*, au fond duquel s'élevait l'église Sainte-Geneviève.

8. Formé par la rencontre des rues *du Marché-*

Ruèle aus Coulons [1].

PARROISSE SAINT-SÉVRIN [2] DE PETIT-PONT.

Le Petit-Pont.
Rue des Anglois.
— des Plastriers [3].
— de Guellande [4].
Quarrefourc Saint-Sévrin [5].
Rue Saint-Julien.
Lourcinnes [6].
Rue de Sac-à-Lie [7].
— de la Harpe.
— de la Serpent [8].

Palu, de la Qualendre, de la Juierie et *Saint-Christofle.*

1. Elle allait de la *rue Neuve-Nostre-Dame* à la *rue Saint-Christofle*, en passant derrière l'église Sainte-Geneviève.
2. On écrit aujourd'hui Saint-Séverin. L'église actuelle date de 1589.
3. Aujourd'hui *rue du Plâtre*.
4. Aujourd'hui *rue Galande*.
5. A l'intersection des rues actuelles *Saint-Jacques, Saint-Séverin* et *Galande*.
6. Je ne sais à quelle rue de la paroisse Saint-Séverin on peut appliquer ce nom.
7. Aujourd'hui *rue Zacharie*.
8. Aujourd'hui *rue Serpente*.

Ruèle Hébert-aus-Broches [1].
Porte Gibert [2].
La Pane-Vère [3].
Saint-Matelin [4].
Rue aus Maçons [5].
— au Fain [6].
— Erembourc-de-Brie [7].
— aus Escrivains [8].

1. Devenue *rue des Trois-Chandeliers*, elle a été réunie en 1851 à la *rue Zacharie*, dont elle était la continuation.
2. Devenue *porte d'Enfer*, puis *porte Saint-Michel*, elle était située *rue de la Harpe*. Son emplacement est aujourd'hui compris dans le pâté de maisons qui sépare la *rue Cujas* de la *rue Soufflot* sur le *boulevard Saint-Michel*.
3. Carrefour que l'on retrouve aujourd'hui à l'intersection des rues *de la Harpe, Saint-Séverin* et *Zacharie*.
4. *Matelin* pour *Mathurin*, c'est la *rue des Mathurins* (aujourd'hui *rue Dusommerard*), où se trouvait le couvent du même nom.
5. Aujourd'hui *rue des Maçons*.
6. Devenue *rue du Foin*, puis réunie en 1851 à la *rue des Noyers*, qui a été comprise à son tour dans le *boulevard Saint-Germain*.
7. Aujourd'hui *rue Boutebrie*.
8. Aujourd'hui *rue de la Parcheminerie*.

Ruèle Saint-Sévrin [1].

PARROISSE SAINT-ANDRI [2].

Rue l'Abbé-de-Saint-Denis [3].
— de Gaugai [4].
— qui va droit à Saint-Andri [5].
— Guiart-aus-Poitevins [6].
— derrière Saint-Andri [7].

Le cimetière Saint-Andri [8].

Rue de Hyrondale [9].

L'abevrouer au conte de Macons [10].

1. Aujourd'hui *rue des Prêtres-Saint-Séverin*.
2. L'église Saint-André, élevée sur l'emplacement de la *place Saint-André-des-Arts* actuelle, a été démolie en 1790.
3. Aujourd'hui *rue des Grands-Augustins*.
4. Aujourd'hui *rue de l'Eperon*.
5. Ce ne peut être que la *rue Hautefeuille* actuelle.
6. Aujourd'hui *rue des Poitevins*.
7. Devenue *rue du Cimetière-Saint-André*, et aujourd'hui *rue Suger*.
8. Ce cimetière était situé dans l'espace aujourd'hui compris entre les rues *Suger, de l'Eperon, Serpente* et *des Poitevins*.
9. Aujourd'hui *rue de l'Hirondelle*.
10. L'abreuvoir au comte de Mâcon était situé à l'extrémité d'une rue devenue la *rue de Mâcon*

Les Saz [1].
Rue Pavée [2].

PARROISSE SAINT-COSME [3].

Rue aus Frères Meneurs [4].
— au Prince [5].
— Jehan-de-Fontenay [6].

et où les comtes de Mâcon avaient leur hôtel. L'emplacement de cet abreuvoir se retrouverait aujourd'hui sur le *quai des Augustins*, à gauche du *pont Saint-Michel*.

1. Le couvent des frères Saz, Sacs ou Sachets, qui furent remplacés en 1293 par les Grands-Augustins. L'emplacement de ce monastère, devenu la *halle à la volaille*, a été récemment vendu et converti en propriétés particulières.
2. Aujourd'hui *rue Séguier*.
3. L'église Saint-Côme, située à l'angle de la *rue Saint-Cosme (boulevard Saint-Michel)* et de la *rue aus Frères Meneurs (rue de l'Ecole-de-Médecine)*, fut supprimée en 1790. Le musée Dupuytren occupe aujourd'hui une partie de son emplacement.
4. Aujourd'hui *rue de l'Ecole-de-Médecine*. Les Frères Mineurs ou Cordeliers avaient leur couvent en face de l'école actuelle.
5. Peut-être la *rue Mignon* actuelle.
6. Peut-être l'*impasse du Paon*.

PARROISSE SAINT-BENOIET-LE-BESTOURNÉ [1].

La Grand-Rue-Saint-Benoiet [2].
Saint-Benoiet [3].
Rue aux Porées [4].
Le palais de Termes [5].
Encloistre Saint-Benoiet [6].
Rue Saint-Cosme [7].
La méson aus Moinnes blans [8].

1. Saint-Benoît, dit le mal tourné ou le mal orienté, parce que, contre l'usage universellement suivi, le chevet de cette église regardait l'occident. Elle était située *Grand-Rue-Saint-Benoiet,* et fut démolie en 1855.

2. Aujourd'hui *rue Saint-Jacques.*

3. L'église Saint-Benoît, dont nous venons de parler.

4. Devenue *rue des Poirées,* aujourd'hui *rue Gerson.*

5. Le palais des Thermes.

6. Aujourd'hui *rue du Cloître-Saint-Benoît.*

7. C'était le nom que portait alors la *rue de la Harpe* depuis l'enceinte fortifiée (*rue Soufflot*) jusqu'à la *rue des Mathurins.* Toute cette partie de la *rue de la Harpe* a disparu lors de la création du *boulevard Saint-Michel.*

8. Le couvent des Prémontrés, qui était situé à l'angle de la *rue de l'Ecole-de-Médecine* et de la *rue Hautefeuille.*

Rue Pierre-Sarrasin [1].
Porte Saint-Jaque [2].
Rue du Puis [3].
Rue Saint-Estienne-des-Grés [4].
— de Froit-Mantel [5].
— de Clos-Burnel [6].
— des Noiers [7].

PARROISSE SAINT-YLAIRE [8].

Rue Saint-Ylaire [9].

PARROISSE SAINT-NICOLAS-DE-CHARDONNAY [10].

Rue Saint-Victor.

1. Elle a conservé ce nom, mais elle a été fort écourtée lors du percement du *boulevard Saint-Michel*.
2. Située à l'extrémité de la *Grand-Rue-Saint-Benoiet (rue Saint-Jacques)*, à l'endroit où la *rue Saint-Jacques* actuelle rencontre la *rue Soufflot*.
3. Aujourd'hui *rue Saint-Hilaire*.
4. Aujourd'hui *rue Cujas*.
5. On écrit aujourd'hui *rue Fromentel*.
6. Aujourd'hui *rue Saint-Jean-de-Beauvais*.
7. Devenue *rue des Noyers*, puis comprise dans le parcours du *boulevard Saint-Germain*.
8. L'église Saint-Hilaire a été démolie vers 1795.
9. Sans doute la *rue des Carmes* actuelle.
10. On écrit aujourd'hui *Saint-Nicolas-du-Chardonnet*. L'église actuelle date de 1656.

Porte Saint-Victor [1].
Rue des Murs [2].
Porte de Verseilles [3].
Rue de Verseilles [4].
— Traversainne [5].

PARROISSE SAINTE-GENEVIÈVE-LA-GRANT [6].

La Croiz-Hémon [7].

1. Située *rue Saint-Victor*, à peu près à la hauteur de la *rue des Murs* (*rue d'Arras* actuelle).

2. Aujourd'hui *rue d'Arras*.

3. Située *rue Saint-Victor*, à la hauteur de la *rue de Verseilles* (*rue Fresnel* actuelle). Mais cette porte, élevée à l'intérieur des murs, devait provenir d'une enceinte antérieure à celle de Philippe-Auguste.

4. Devenue *rue de Verseilles*, et aujourd'hui *rue Fresnel*.

5. Devenue *rue Traversine*, puis comprise dans le parcours de la *rue des Ecoles*.

6. Ainsi nommée pour la distinguer de l'église Sainte-Geneviève située dans la Cité, et que nous avons vu appelée *Sainte-Geneviève-la-Petite*. L'église Sainte-Geneviève, démolie en 1807, fut remplacée par le *Panthéon;* une partie des bâtiments de l'abbaye a été détruite, et le reste attribué au *lycée Corneille*.

7. Croix indiquée sur presque tous les plans, et qui se trouvait *place Maubert*, à l'extrémité de la *rue de la Montagne-Sainte-Geneviève*.

Rue Sainte-Geneviève [1].
La Boucherie Sainte-Geneviève [2].
Rue Clopin.
— du Sablon [3].
— de Bon-Puis [4].
— Saint-Nicolas [5].
— Alixandre-l'Englois [6].
Porte Saint-Marcel [7].
Rue du Moustier [8].
— aus Englois [9].
— aus Lavendières [10].

1. Aujourd'hui *rue de la Montagne-Sainte-Geneviève*.
2. Etablie sans doute sur la *place Maubert*.
3. Il nous est impossible de préciser l'emplacement qu'occupait cette rue.
4. Supprimée lors du percement de la *rue des Ecoles* et de la *rue Monge*.
5. Aujourd'hui *rue des Bernardins*.
6. Parallèle à la *rue du Bon-Puis*, elle a eu la même destinée. Elle était devenue *rue du Paon-Saint-Victor*.
7. Plus souvent nommée *porte Bordelle*, elle était située *rue Descartes*, à la hauteur de la *rue Thouin*.
8. Aujourd'hui *rue des Prêtres-Saint-Etienne-du-Mont*.
9. On écrit aujourd'hui *rue des Anglais*.
10. On écrit aujourd'hui *rue des Lavandières*.

Rue Saint-Syphorien [1].
Porte Sainte-Geneviève [2].
Rue Judas [3].
La Bûcherie de Petit-Pont [4].
Place Maubert.
Rue de Bièvre.
Notre-Dame-des-Chans [5].

PARROISSE DE SAINT-MAART [6],
DEHORS LES MURS.

Rue de la Boucherie [7].
Lourcinnes [8].

1. Devenue *rue des Cholets*, puis supprimée en 1845. Son emplacement appartient aujourd'hui aux lycées Sainte-Barbe et Louis-le-Grand.
2. Plus souvent nommée *porte Papale*. Elle était située *place du Panthéon* actuelle, presque à l'endroit où débouche la *rue d'Ulm*.
3. Devenue *rue du Clos-Bruneau* en 1838, puis supprimée.
4. Aujourd'hui *rue de la Bucherie*.
5. Eglise démolie pendant la Révolution. La *rue du Val-de-Grâce* indique l'emplacement qu'elle occupait.
6. Saint-Maart pour Saint-Médard. Cette église, située *rue Mouffetard*, existe encore.
7. Sans doute la *rue Mouffetard* actuelle.
8. L'hôpital de Lourcine, dans la rue de ce nom.

VILLE SAINT-GERMAIN-DES-PRÉS.

Le Pilori [1].
Rue de la Boucherie [2].
Rue du Champ-de-la-Bucherie [3].
Rue du Pilori [4].
L'Abbeye [5].
Rue du Perron [6].
— Saint-Père [7].
— Neuve-Saint-Père [8].
— de la Blanche-Oë [9].

1. Situé près de l'entrée de l'abbaye Saint-Germain-des-Prés, sur l'emplacement de la *place Gozlin* actuelle.
2. Devenue *rue des Boucheries*, et aujourd'hui réunie à la *rue de l'Ecole-de-Médecine*, dont elle était la continuation. Voy. l'*Introduction*, p. 15.
3. Peut-être la *rue des Mauvais-Garçons*, devenue en 1846 *rue Grégoire-de-Tours*.
4. Aujourd'hui *rue de Buci*.
5. L'abbaye Saint-Germain-des-Prés.
6. Peut-être la *rue Gozlin* actuelle (ancienne *rue Sainte-Marguerite*).
7. Peut-être la *rue des Saints-Pères* actuelle.
8. Peut-être l'ancienne *rue du Colombier*, devenue le commencement de la rue Jacob.
9. Sans doute la portion de la *rue du Four* actuelle, qui va de la *rue des Canettes* à la *rue de l'Ecole-de-Médecine*.

Rue Saint-Souplice [1].
— du Colombier [2].
Les Clers [3].

1. Aujourd'hui *rue des Canettes*.
2. Aujourd'hui *rue du Vieux-Colombier*.
3. Sans doute le *Pré aux Clercs*.

LES CRIERIES DE PARIS

AU XIIIe SIÈCLE

PAR

GUILLAUME DE LA VILLENEUVE [1]

Un noviaù Dit ici nous trueve
Guillaume de la Vile nueve
Puisque povretez le justice [2].
Or vous dirai en quele guise
Et en quele manière vont
Cil qui denrées à vendre ont,

1. Voyez ci-dessus notre *Introduction*, p. 46 et suiv. Cette pièce a été publiée déjà dans les *Contes et Fabliaux* de Barbazan et Méon, t. II. p. 276; dans la *Bibliothèque municipale* de Louis Lazare, IIIe volume, 1re livraison, etc. Elle a été analysée en partie dans le *Magasin pittoresque*, t. I, p. 386 et 406. — Nous la reproduisons d'après le manuscrit original, qui est conservé à la Bibliothèque nationale, fonds français, n° 837, f° 246.
2. L'y contraint.

Et qui penssent de lor preu fère [1];
Que jà ne fineront de brère [2]
Parmi Paris jusqu'à la nuit.
Ne cuidiez vous qu'il lor anuit [3],
Que jà ne seront à séjor [4].
Oiez c'on crie au point du jor :
Seignor, quar vous alez baingnier
Et estuver sanz délaier [5],
Li baing sont chaut, c'est sanz mentir.
Puis après orrez retentir
De cels qui les frès harens crient.
Or au vivet [6] li autre dient.
Sor et blanc harenc frès poudré [7],
Harenc nostre vendre voudré.
Menuise [8] vive orrez crier,
Et puis alètes de la mer [9].
Oisons, pijons, et char salée,
Char fresche moult bien conraée [10],
Et de l'aillie [11] à grant plenté [12].

1. Et qui pensent à en faire profit.
2. Ils ne cesseront point de crier.
3. Que cela les ennuie.
4. A se reposer.
5. Sans tarder.
6. La vive, poisson de mer.
7. Nouvellement salé.
8. Petit poisson de mer.
9. Oiseaux de mer.
10. Bien parée, bien coupée.
11. Sauce à l'ail.
12. En grande quantité.

Or au miel, Diex vous doinst santé !
Et puis après, pois chaus pilez [1],
Et fèves chaudes par delez [2].
Aus et oingnons à longue alaine [3].
Puis après cresson de fontaine,
Cerfueil, porpié tout de venue [4].
Puis après porète menue [5],
Létues fresches demanois [6],
Vez ci bon cresson Orlenois [7].
Li autres crie par dalez :
J'ai bons mellens [8] frès et salez,
L'aguille pour le viez fer ai [9],
Or ça bon marchié en ferai.
L'eve [10] por pain, qui veut, si praingne.
J'ai bon frommage de Champaingne,
Or i a frommage de Brie.
Au burre frès n'oublie mie.
Or i a gruel et forment [11]
Bien pilé et menuement ;

1. Purée de pois.
2. A côté.
3. Dont l'odeur se conserve longtemps.
4. Pourpier tout de suite.
5. Poireau, ciboulette.
6. Laitues fraîchement cueillies.
7. D'Orléans.
8. Merlans.
9. Peut-être : J'offre des aiguilles en échange de vieux fer.
10. La levûre.
11. Gruau et froment.

Farine pilée, farine.
Au lait, commère, ça voisine.
Cras pois i a [1], aoust de pesches [2],
Poires de Chaillou [3], et nois fresches;
Primes ai pommes de rouviau [4],
Et d'Auvergne le blancduriau [5].
Al balais si com je l'enten.
L'autres crie qui veut le ten [6];
L'autres crie la busche bone,
A ij oboles le vous done.
Huile de nois, or au cerniaus.
Vinaigre qui est bons et biaus,
Vinaigre de moustarde i a.
Diex! a il point de lie là? [7]
J'ai cerises, or au verjus.
Or à la porée ça jus [8];
Or i a oés [9], or aus poriaus [10].
Chaus pastez i a, chaus gastiaus.
Or i a poisson de Bondies [11].

1. Il y a des pois au gras.
2. Pêches mûres.
3. Poires de Caillaux, en Bourgogne.
4. Pommes de calville rouges.
5. Pommes de calville blanches.
6. Mottes à brûler, composées de tan, etc.
7. Dieu! n'y a-t-il pas de lie de vin à vendre ici?
8. Venez chercher des herbes par ici.
9. Des œufs.
10. Des poireaux.
11. Poissons des étangs du bois de Bondy.

Chaudes oublées renforcies [1],
Galètes chaudes, eschaudez,
Roinssoles, ça denrée aus dez [2].
Cote et la chape par covent [3],
Clerc i sont engané sovent [4].
Cote et sorcot rafeteroie [5],
Et le cuvier relieroie [6].
Huche et le banc sai bien refère,
Je sai moult bien que je sai fère.
J'ai jonchéure de jagliaus [7],
Herbe fresche. Les viez housiaus [8],
Les sollers viez [9]. Et soir et maïn :
Aus Frères de Saint Jaque [10] pain,
Pain por Dieu aus Frères Menors [11] :
Cels tieng-je por bons prenéors [12].

1. Oublies épaisses, gaufres.
2. Pâtisserie légère, qui se jouait aux dés.
3. La cotte était la tunique ou robe de dessous, le vêtement de dessus était alors le seurcot (sur cotte). La chape est offerte ici aux religieux.
4. Les clercs y sont souvent trompés.
5. Je raccommoderai.
6. Je remettrai des cercles au cuvier.
7. Glaïeuls, dont on jonchait les rues lors de certaines fêtes religieuses.
8. Les vieilles culottes.
9. Les vieux souliers.
10. Les dominicains de la *rue Saint-Jacques*.
11. Les Cordeliers ou Frères-Mineurs, dans la *rue de l'Ecole-de-Médecine* actuelle.
12. Je tiens ceux-là pour bons preneurs.

Aus Frères de Saint Augustin [1].
Icil vont criant par matin :
Du pain aus Sas [2], pain aus Barrez [3],
Aus povres prisons enserrez [4],
A cels du Val des Escoliers [5].
Li I avant, li autre arriers,
Aus Frères des Pies demandent [6],
Et li Croisié pas nes atandent [7],
A pain crier metent grant paine,
Et li avugle à haute alaine,
Du pain à cels de Champ porri [8]
Dont moult sovent, sachiez, me ri [9].

1. Les religieux Augustins, sans doute encore près de la *Porte Montmartre,* qu'ils quittèrent vers 1293.

2. Les frères Sacs ou Sachets, sur le *quai des Augustins* actuel, emplacement qu'ils cédèrent vers 1293 aux Augustins.

3. Les Carmes, encore établis près du port Saint-Paul; ils portaient un vêtement rayé de noir et de blanc, qui les fit longtemps nommer les Barrés.

4. Les pauvres prisonniers.

5. Les religieux dits de Sainte-Catherine du Val-des-Ecoliers.

6. Les chanoines réguliers de Sainte-Croix de la Bretonnerie, qui portaient une croix sur leur pict (poitrine).

7. Ceux qui sont croisés pour la Terre-Sainte n'écoutent pas.

8. Les Quinze-Vingts, établis par saint Louis sur un emplacement dit *le Champ-Pourri* qui était situé *rue Saint-Honoré,* à la hauteur de la *rue de Rohan* actuelle.

9. Nom qui très-souvent me fait rire.

Les Bons Enfanz [1] orrez crier :
Du pain, nes vueil pas oublier.
Les Filles Dieu [2] sèvent bien dire :
Du pain, por Jhésu nostre Sire.
Ça du pain, por Dieu, aus Sachesses [3].
Par ces rues sont granz les presses,
Je vous di de ces genz menues [4].
Orrez crier parmi ces rues :
Menjue pain ! [5] Diex, qui m'apèle ?
Vien ça, vuide ceste escuele.
Or viengne avant gaaigne pain [6].
J'esclarciroie pos d'estain,
Je relieroie hanas [7].
Du poivre por le denier qu'as [8].
Or aus poires de hastivel [9],
Jorroises [10] ai à grant revel.
Frès jonc à moult grant alenée [11],

1. Le collége des Bons-Enfants, dans la *rue Saint-Honoré*.
2. Couvent encore situé hors de l'enceinte.
3. Les religieuses dites Sachettes (vêtues de sacs).
4. Il y a dans les rues un grand nombre de ces pauvres gens.
5. Mendiant.
6. On entend les gagne-petit.
7. Je raccommoderai les vases à boire (*hanap*).
8. Que tu as.
9. Poires précoces dites aujourd'hui poires de hâtiveau.
10. Fruit aigre.
11. Jonc frais et très-long.

Or ça à la longue denrée.
Noël, Noël, à moult granz cris,
J'ai raïs de l'archaut, raïs [1].
Cil qui crie, biau se deporte :
Qui vent le viez fer, si l'aporte [2].
Li autres dit autres noveles :
Qui vent viez pos, et viez paieles ? [3]
Li autres crie à grant friçon [4] :
Qui a mantel ne peliçon [5],
Si le m'aport à rafetier [6].
Li autres crie son mestier.
Chandoile de coton, chandoile,
Qui plus art cler que nule estoile.
Aucune foiz, ce m'est avis,
Crie-on le ban le roi Loys [7].
Si crie l'en en plusors leus [8]
Le bon vin fort à xxxij,
A xvj, à xij, à vj, à viij [9];
Moult mainent criéor grant bruit [10].

1. Des grillages de fil de fer.
2. Celui-là s'amuse à crier : Que celui qui a du vieux fer à vendre me l'apporte !
3. Vieux pots, vieilles poêles.
4. D'une voix perçante.
5. Manteau ou pelisse.
6. Qu'il me l'apporte pour le faire raccommoder.
7. Pour fournir un contingent au roi, soit en hommes, soit en argent.
8. En plusieurs lieux.
9. Il s'agit ici de deniers.
10. Les crieurs font grand bruit.

Crier orrez qui a à moudre ?[1]
J'aporte bones nois de coudre[2].
Les flaons chaus[3] pas nes oublie.
J'ai chastaingnes de Lombardie,
Figues de Mélite sanz fin[4] ;
J'ai roisin d'outre mer[5], roisin.
J'ai porées, et s'ai naviaus[6].
J'ai pois en cosse toz noviaus[7].
L'autres crie fèves noveles,
Si les mesure à escueles.
Hanni[8] d'aoust flérant com bausme.
L'autres crie chaume, i a chaume[9].
J'ai jonc paré por metre en lampes[10].
Bones eschaloingnes d'Estampes[11].
J'ai savon d'outremer, savon.
Des poires de Saint Riule[12] avon.
L'autres crie sanz délaier[13] :

1. Qui a du blé à moudre.
2. Des noisettes.
3. Les flans chauds, sorte de pâtisserie.
4. Figues de Malte à foison.
5. Raisin de Damas, sans doute.
6. J'ai des herbes et des navets.
7. Tout nouveaux.
8. Anis.
9. Paille.
10. Jonc préparé qui remplaçait nos mèches de lampes.
11. Echalottes d'Etampes.
12. Poires de Saint-Rieul.
13. Sans s'arrêter.

Je sers de pingnes [à] resoier [1].
Quant mort i a homme ne fame,
Crier orrez : proiez por s'ame,
A la sonete par ces rues.
Dont orrez autres genz menues
Poires d'angoisse [2] crier haut.
L'autres pommes rouges qui vaut [3].
Aiglentier [4] por du pain l'en crie.
Verjus de grain à fère aillie [5].
Li uns borgons, l[i] autres veilles [6].
Cornilles méures, cornilles [7].
Alies i a d'aliïer [8];
Or i a boutons d'aiglentier;
Proneles [9] de haie vendroie.
Oiselés por du pain donroie [10].
Nates i a, et naterons [11].
Cerciaus de bois [12] vendre volons.
L'autres crie : gastiaus rastis,

1. Je vends des peignes pour faire des filets (?).
2. On les nomme encore ainsi.
3. Qui veut?
4. Eglantier.
5. Sauce à l'ail.
6. Borgons et veilles sont deux espèces de champignons.
7. Fruit du cornouiller.
8. Fruit de l'alisier.
9. Prunelles.
10. Pour du pain, je donnerai des petits oiseaux.
11. Nattes et natterons.
12. Pour les tonneaux sans doute.

Je les aporte toz fetis [1] ;
Chaudes tartes et siminiaus [2].
L'autres crie chapiaus, chapiaus.
Gastel à fève [3] orroiz crier.
Charbon le sac por I. denier.
Nèfles méures ai à vendre.
Le soir orrez sanz plus atendre,
A haute voiz sanz délaier :
Diex! qui apèle l'oubloier ? [4]
Quant en aucun leu a perdu,
De crier n'est mie esperdu [5],
Près de l'uis crie où a esté :
Aïde Diex de Maïsté ! [6]
Com de male eure je fui nez ! [7]
Com par sui or mal assenez ! [8]
Et autres choses assez crie,
Que raconter ne vous sai mie.
Tant y a danrées à vendre,
Tenir ne me puis de despendre [9].
Que se j'avoie grant avoir,

1. Gâteaux tout chauds et bien faits.
2. Espèce de pâtisserie encore connue sous ce nom en Picardie, dit Méon.
3. Gâteaux pour la fête des Rois.
4. Voyez l'*Introduction*, p. 50.
5. Ne peut s'empêcher de crier.
6. Au secours, Dieu de Majesté!
7. Je suis né.
8. Comme me voilà mal arrangé!
9. Il y a tant de choses à vendre, que je ne puis m'empêcher de dépenser.

Et de chascun vousisse avoir
De son mestier une denrée,
Il auroit moult corte durée.
Tant poi i a mis que j'avoie,
Tant que povretez me mestroie [1].
Après mise ma robe jé,
Lécherie m'a desrobé [2].
Si ne sai mès [3] que devenir,
Ne quel chemin puisse tenir.
Fortune m'a mis en sa roë [4],
Chascuns me gabe et fet la moë;
Si ferai, puis que sui en quèche,
Du meillor fust que j'aurai flèche [5].

Expliciunt les Crieries de Paris.

1. Me maîtrise, m'arrête.
2. Gourmandise m'a ruiné.
3. Plus.
4. Roue.
5. Puisque je suis ruiné, je ferai flèche du meilleur bois possible.

CI COUMENCE

LI DIZ DE L'ERBERIE

PAR RUTEBEUF [1].

Seigneur qui ci este venu,
Petit et grant, jone et chenu,
Il vos est trop bien avenu;
　　Sachiez de voir.
Je ne vos vuel pas desovoir :
Bien le porreiz aparsouvoir,
　　Ainz que m'en voize.

[1]. Voy. ci-dessus, notre *Introduction*, p. 52 et suiv. — Cette pièce a été publiée par Méon, *Nouveau Recueil de Fabliaux et Contes* ; par Legrand d'Aussy, *Fabliaux et Contes*, t. III, p. 349 ; par A. Jubinal, *Œuvres de Rutebeuf*, t. I, p. 250, etc. — Notre texte est la reproduction exacte du manuscrit original, qui est conservé à la Bibliothèque nationale, et coté fonds français, n° 1635, f° 80.

Aséeiz vos, ne faites noise :
Si escouteiz, c'il ne vos poize.
  Je sui uns mires.
Si ai estei en mainz empires :
Dou Caire m'a tenu li sires
  Plus d'un estei ;
Lonc tanz ai avec li estei ;
Grant avoir j'ai conquestei.
  Meir ai passée.
Si m'en reving par la Morée,
Où j'ai fait mout grant demorée,
  Et par Salerne,
Par Burienne et par Byterne.
En Puille, en Calabre, Palerne
  Ai herbes prises
Qui de granz vertuz sunt emprises.
Sus quelque mal qu'el soient mises,
  Li maux c'en fuit.
Juqu'à la rivière qui bruit
Dou flun des pierres jor et nuit
  Fui pierres querre.
Prestres Jehans i a fait guerre :
Je n'ozai entreir en la terre,
  Je fui au port.
Mout riches pierres en aport,
Qui font resusciter le mort.
  Ce sunt ferrites
Et dyamans et cresperites,
Rubiz, jagonces, marguarites,
  Grenaz, stopaces,

Et tellagons et galofaces :
De mort ne doutera menaces
  Cil qui les porte.
Foux est ce il ce desconforte;
N'a garde que lièvres l'en porte
  C'il se tient bien;
Si n'a garde d'aba de chien
Ne de reching d'azne anciien;
  C'il n'est coars
Il n'a garde de toutes pars.
Carbonculus et garrelars,
  Qui sunt tuit ynde,
Herbes aport des dézers d'Ynde
Et de la terre Lincorinde
  Qui siet seur l'onde,
Elz quatre parties dou monde,
Si com il tient à la raonde.
  Or m'en créeiz :
Vos ne saveiz cui vos véeiz;
Taisiez vos, et si vos séeiz.
  Veiz m'erberie :
Je vos di, par sainte Marie,
Que ce n'est mie freperie,
  Mais granz noblesce.
J'ai l'erbe qui les v... redresce
Et cele qui les c... estresce
  A pou de painne;
De toute fièvre sanz quartainne
Gariz en mainz d'une semainne,
  Ce n'est pas faute;

Et si gariz de goute flautre ;
Jà tant n'en iert basse ne haute,
    Toute l'abat.
Ce la vainne dou cul vos bat,
Je vos en garrai sanz débat ;
    Et de la dent
Garriz je trop apertement
Par i. petitet d'oignement
    Que vos dirai.
Oeiz coument jou confirai ;
Dou confire ne mentirai,
    C'est cens riote.
Preneiz dou sayn de la marmote,
De la merde de la linote
    Au mardi main,
Et de la fuelle dou plantain,
Et de l'estront de la putain
    Qui soit bien ville,
Et de la pourre de l'estrille,
Et dou ruyl de la faucille,
    Et de la lainne,
Et de l'escore de l'avainne
Pilei, premier jor de semainne,
    Si en fereiz
Un amplastre : dou jus laveiz
La dent, l'amplastrei metereiz
    Desus la joe.
Dormeiz I. pou, je le vos loe ;
S'au leveir n'i a merde ou boe,
    Diex vos destruie !

Escouteiz, c'il ne vos anui[e],
Ce n'est pas jornée de truie
    Cui poiez faire ;
Et vos cui la pierre fait braire,
Je vos en garrai sanz contraire,
    Ce g'i met cure.
De foie eschausfei, de routure,
Gariz je tout à desmesure,
    A quel que tort.
Et ce vos saveiz home xort [1],
Faites le venir à ma cort :
    Jà iert touz sainz.
Onques mais nul jor n'oy mains,
Ce Diex me gari ces II. mains,
    Qu'il orra jà.
Or oeiz ce que m'en charja
Ma dame qui m'envoia sà :

Bele gent, je ne sui pas de ces povres prescheurs, ne de ces povres herbiers qui vont par devant ces mostiers à ces povres chapes mau cozues, qui portent boites et sachez, et si estendent I tapiz ; car teiz vent poivre et coumin (et autres espices), qui n'a pas autant de sachez com il ont. Sachiez que de ceulz ne sui je pas ; ainz suis

1. Sourd.

à une dame qui a non madame Trote de Salerne, qui fait cuevre-chief de ces oreilles, et li sorciz li pendant à chaainnes d'argent par desus les espaules; et sachiez que c'est la plus sage dame qui soit enz quatre parties dou monde. Ma dame si nos envoie en diverses terrés et en divers païs, en Puille, en Calabre, en Tosquanne, en Terre de Labour, en Alemaingne, en Soissonnie, en **Gas**coingne, en Espaigne, en Brie, en Champaingne, en Borgoigne, et la forest d'Ardanne, por ocirre les bestes sauvages et por traire les oignemenz, por donër médecines à ceux qui ont les maladies ès cors. Ma dame si me dist et me commande que, en queilque leu que je venisse, que je déisse aucune choze si que cil qui fussent entour moi i preissent boen essample, et por ce qu'ele me fist jurer seur sainz, quant je me départi de li, je vos apanrai à garir dou mal des vers, se vos le voleiz oïr. — Voleiz oïr?

Aucune genz i a qui me demandent dont les vers viennent. Je vos fais asavoir qu'il viennent de diverses viandes reschauffées, et de ces vins enfuteiz et boteiz. Si se congrient ès cors par chaleur et par humeur; car si, con dient li philosophe, toutes chozes en sunt criées, et por ce, si viennent li ver ès cors qui montent juqu'au cuer, et font morir d'une maladie c'on apele mort sobitainne. Seigniez vos! Diex vos en gart touz et toutes!

Por la maladie des vers garir (à voz iex la véeiz, à voz piez la marchiez!) la meilleur herbe qui soit elz quatre parties dou monde, ce est l'ermoize. Ces fames c'en ceignent le soir de la Saint-Jehan, et en font chapiaux seur lor chiez, et dient que goute ne avertinz ne les puet panre n'en chief, n'en braz, n'en pié, n'en main; mais je me merveil quant les testes ne lor brisent et que li cors ne rompent parmi, tant a l'erbe de vertu en soi. En cele Champeigne où je fui neiz l'apele-hon marreborc, qui vaut autant com la meire des herbes. De cele herbes panrroiz troiz racines, V fuelles de sauge, IX fuelles de plantaing; bateiz ces chozes en I mortier de cuyvre, à un peteil de fer, desgeuneiz vos dou jus par III matins : gariz sereiz de la maladie des vers.

Osteiz vos chaperons, tendeiz les oreilles, regardeiz mes herbes, que ma dame envoie en cest païs (et en cest terre); et por ce qu'el vuet que li povres i puist ausi bien avenir coume li riches, ele me dist que j'en féisse danrrée; car teiz a I denier en sa borce qui n'i a pas V solz; et me dist et me commanda que je préisse I denier de la monoie qui corroit el païs et en la contrée où je vanroie : à Paris I parisi, à Orliens I orlenois, à Aumans I mansois, à Chartres I chartain, à Londres en Aingleterre I esterlin; por dou pain, por dou vin à moi; por dou fain, por de l'avainne à mon roncin; car teil qui auteil sert d'auteil doit vivre.

Et je di que c'il estoit si povres, ou honz ou fame, qu'il n'eust que doner, venist avant; je li presteroie l'une de mes mains por Dieu et l'autre por sa meire, ne mais que d'ui en I an féist chanteir une messe do Saint-Espérit, je di nouméement por l'arme de ma dame, qui cest mestier m'aprist, que je ne fasse jà trois pez que li quars ne soit por l'arme de son père et de sa mère, en rémission de leur pêchiez. Ces herbes, vos ne les mangereiz pas, car il n'a si fort buef en cest païs, ne si fort destrier qui c'il en avoit ausi groz com I pois sor la langue qu'il ne morust de male mort, tant sont fors et ameires; et ce qui est ameir à la bouche, si est boen au cuer. Vos les me metreiz III jors dormir en boen vin blanc; se vos n'aveiz blanc, si preneiz vermeil; si vos n'aveiz vermeil, preneiz de la bele yaue clère; car teiz a un puis devant son huix, qui n'a pas I tonel de vin en son celier. Si vos en desgeunereiz par XIII matins. Ce vos failleiz à un, preneiz autre; car ce ne sont pas charaies. Et je vos di par la paission dont Diex maudist Corbitaz le juif qui forja les XXX pièces d'argent en la tour d'Abilent, à III liues de Jhérusalem, dont Diex fu venduz, que vos sereiz gariz de diverses maladies et de divers mahainz, de toutes fièvres sanz quartainne, de toutes goutes sanz palazine, de l'enfleure dou cors, de la vainne dou cul c'ele vos débat. Car ce mes pères et ma mère estoient ou péril de la mort et il me demandoient la meilleur herbe que

je lor peusse doneir, je lor donroie ceste.
En teil menière venz je mes herbes et mes oignemens. Qui vodra si en preingne, qui ne vodra si les laist.

CI COMMENCE

LE DIT

DU LENDIT RIMÉ [1].

En l'ouneur de marchéandie
M'est pris talent que je vous die,
Se il vous plaist, I nouvel dit.
Bonne gent, ce est du Lendit,
La plus roial Foire du monde,
Si con Diex l'a fait à la ronde,
Puis que g'i ai m'entencion [2].

1. Voyez ci-dessus notre *Introduction*, p. 12. et suiv. Cette pièce a été publiée par l'abbé Lebeuf, *Histoire du diocèse de Paris*, t. III, p. 259; par Barbazan et Méon, *Fabliaux et Contes*, t. II, p. 301; par Hurtaut et Magny, *Dictionnaire historique de Paris*, t. III, p. 381; en 1866, à la suite du *Dit des rues de Paris*, de Guillot, in-8°, etc. — Le manuscrit original, sur lequel nous l'avons copiée, est conservé à la Bibliothèque nationale, fonds français, n° 24432, f° 261.
2. Mon intention.

Premerain[1] la pourcession
De Nostre Dame de Paris
Y vient. Que Dieu gart de péris
Tous les bons marcheans qui y sont,
Qui les granz richesces y ont!
Que Diex les puist tous avancier!
L'Evesque ou le Penancier[2]
Leur fet de Dieu bénéison[3]
Du digne bras Saint Semion[4];
Devant après ne doit nus vendre[5].
Or vous voudré-ge faire entendre
La fernaisie qui me vint
Quant à rimoier me covint.

Au bout, par de sa Regratiers[6],
Trouve Barbier et Servoisiers[7],
Taverniers et puis Tapiciers.
Asez prez d'eulz sont li Mercier.
A la coste du grant chemin
Est la Foire du parchemin;
Et après trove li pourpoint[8],

1. Premièrement.
2. Pénitencier.
3. Bénédiction.
4. Saint Siméon.
5. Auparavant nul ne doit vendre.
6. Revendeurs de pain, de sel, de fromages, de chandelles, etc.
7. Brasseurs, vendeurs de bière.
8. Les marchands d'habits.

Dont maint homme est vestu à point.
Et puis la Grant Peleterie.
. . . .[1]
La tiretaine dont simple gent
Sont revestu, de pou d'argent.
Les Lingières n'i sont pas toutes.
Je m'en retourne par les coutes;
Puis m'en reving en une plaine
Là où l'en vent cuirs cruz et lainne.
Puis adresai au bout arrier
Là où je commençai premier,
Par devers la crois du Lendit [2]
Pour miex aconsevoir mon Dit;
M'en ving par la Feronnerie.
Après trouvai la Baterie [3],
Cordouanier et Bourrelier,
Sellier et Freinier [4] et Cordier,
Chanvre fillé et cordouan [5].
Assez y ot paine et ahan
Marchans qui là sont assamblez.
Faus, après faussilles [6] à bliz
Si y treuv'on qui les set querre;
Queus [7] d'Ardenne et d'Engleterre,

1. Il manque ici un vers dans le manuscrit.
2. C'était une croix de pierre.
3. Les chaudronniers.
4. Marchands d'éperons, de freins, etc.
5. Maroquin ou cuir de Cordoue, dont on faisait alors des chaussures.
6. Faux et faucilles.
7. Pierres à aiguiser.

Haches, coigniés et tarières,
Et trenchans de pluseurs manières;
Mortelier [1], bancier trouvoi,
Taneur, megeis de bon conroi [2],
Chausier, huchier [3] et changéour
Qui ne sont mie le menour [4];
Il se sont logié bel et gent.
Après sont li joüel d'argent [5]
Qui sont ouvré d'orfaverie :
Ce me samble grant desverie [6].
Je n'i vi que IIJ Espisiers,
Et si le mesconvient noncier.

Puis m'en vins en une ruelle
Estroite, où l'on vent la telle [7];
Yceulx doi-je bien anoncier,
Et après le Chanevacier [8].
Ainçois que je soie à repos,
Platiaus [9], escueles et pos
Trouvé, qui sont ouvré d'estain.
Or dirai du mestier hautain

1. Marchands de mortiers à piler.
2. Mégissiers de peaux fines.
3. Coffretiers, fabricants de huches, coffres, etc.
4. Qui ne sont pas les moindres, les moins importants, les moins riches.
5. Les bijoux.
6. Grande folie, grande extravagance.
7. La toile.
8. Marchands de toile de chanvre.
9. Plats.

Qu'à ma matère miex apère [1],
C'est cis qui tous les autres père [2],
Ce sont li Drapier que Dieu gart,
Par biaus dras l'alions regart;
Diex gart ceus qui les sèvent faire !
Des marchéans de bon afaire
Doit-on parler en tous bons lieus.
Pour ce que je ne soie oiseus
Voudrai nommer selonc mon sens
Toutes les viles par assens [3]
Dont la foire est maintenue.
Premier est Paris amenteue [4],
Qui est du monde la meillour;
Si li doit-on porter hounour;
Tous biens en viennent, dras et vins.
Après parlerai de Prouvins,
Vous savez bien comment qu'il siet,
Que c'est l'une des XVII.
Après, Rouen en Normendie,
Or oez [5] que je vous en die.
En mon Dit vous amenteuvrai [6]
Gant et Ypre, et puis Douay,
Et Maaline et Broiselles [7],

1. Mieux convient.
2. Surpasse.
3. Par ordre.
4. Mentionné.
5. Ecoutez.
6. Mentionnerai.
7. Bruxelles.

Je les doi bien nommer con celles
Qui plus belles sont à voir,
Ce vous fai-je bien assavoir,
Cambrai cité, et Moncornet,
Maubeuge, et Avès i met,
Nogent le Rotro et Dinein,
Manneval, Torot et Caën,
Louviers, et Breteul, et Vernon,
Chartes, Biauvais, cité de nom,
Evreus et Amiens noble halle,
Et Troie, et Sens, et Aubemalle,
Endeli, Doullens, Saint Lubin
Selon c'on dit en Constentin,
Et Montereul desus la mer,
Et Saint Cointin et Saint Omer,
Abeville et Tenremonde,
Chaalons où moult de pueple abonde,
Bons marchéans et plain d'engien [1]
D'i estre après, et puis Enguien,
Louvain, Popelines trouvai,
Valenciennes et puis Tournai.
Torigni, et puis Darnestal ;
Et après trouvai Boneval,
Nogent le Roy, et Chastiaudun,
Maufumier metrai en quemun [2],
Aubenton y doit estre bel,
Et le temple de Montdoublel,

1. Pleins d'adresse, de finesse.
2. En commun, ensemble.

Corbie, Courterai et Erre [1],
Baieus, Chanbel. M'i faut atraire [2]
Hal et Grant Mont tret [3] en Brebant,
Coutras, et gent plein de biens;
Villevort ne veul pas lessier,
Pavilli, ne Moutier Villier,
Monsiaus y metrai, et Blangi,
Lille en Flandres, Cressi et Hui,
Et Arras cité, et Vervin,
Par tans en sarez le couvin [4].
Estampes metrai en commun,
Et le Chastiau de Melleun,
Saint Denis, où je sui tout aise,
Nommerai, et après Pont-aise [5],
Gamaches, Bailleul et en Sène.
Pour ce que je ne mes asenne [6],
N'oubli pas Miaus ne Laigny,
Ne Chastiau-Landon quant y fuy
Au Lendit; merci Jhésu-Christ,
Je les mis touz en mon escrist.

 Si n'obli pas, comment qu'il aille,
Ceus qui amainent le bestaille,
Vaches, bueus, brebis et porciaus,

1. Aire.
2. Ajouter.
3. Droit.
4. Tous ceux qui s'y assemblent.
5. Pontoise.
6. Pour que je ne manque à rien.

Et ceuz qui vendent les chevaus,
Ronsins, palefrois et destrier,
Les meilleurs que l'en puet trover,
Jumens, poulains et palefrois
Telz comme por Contes et pour Roys.
Jhésus qui est souverain Diex,
Leur sauve à tretous leur chatiex [1],
Et leur doint grace de gaaignier !
Quanqu'il est de bon por mengier [2],
Et bon vin, tout vient au Lendit.
Il me samble que j'ai voir dit [3],
Et pour mon Dit miex peublier,
Je n'i doi mie oublier
Les belles Dames, que Dieu saut,
Qui demeurent en pipensaut.
Je pri Dieu qu'en terre et en mer
Gart tous marcheanz et veille amer :
Sainte Eglyse est d'euz secourue,
Et la povre gent soutenue.
A brief parler Diex les gart tous
D'anui [4], de perte et de courous,
Et si leur doint marchéander
Qu'en Paradis puissent aler,
Et les marchandes aussi.
Je pri à Dieu qu'il soit ainsi.

Explicit le dit du Lendit.

1. Leurs biens.
2. Tout ce qui est bon à manger.
3. Que j'ai dit vrai.
4. D'ennui, de chagrin.

LES MONSTIERS [1] DE PARIS [2]

Hé, Nostre Dame de Paris
Aidiez moi qui sui esmaris ! [1]
Et vous Nostre Dame des Chans [2],
Et Saint Marcel [3] li bien queranz [4],

1. *Monasterium*, monastère, monstier, moustier.
2. Cette pièce a été publiée par Barbazan et Méon, *Fabliaux et Contes*, t. II, p. 287; par L. Lazare, *Bibliothèque municipale*, t. II, p. 173; par Henri Bordier, *les Églises et monastères de Paris*, 1856, in-12; par A. Gabourd, *Histoire de Paris*, t. II, p. 491, etc. — Nous l'avons collationnée sur le manuscrit conservé à la Bibliothèque nationale, fonds français, n° 837, f° 232.

1. Affligé.
2. Oratoire élevé au milieu d'un champ de sépultures, qui fut plus tard traversé par la *rue d'Enfer*. Il a été démoli pendant la Révolution.
3. Démolie en 1806. Son emplacement est aujourd'hui occupé par la *place de la Collégiale*.
4. Cherchant le bien, *bene quærens*.

Et Saint Victor [1] li Dieu amis,
Et Saint Nicholas li petis [2],
Et vous Saint Estiene des Grés [3],
Et Sainte Geneviève [4] après.
Aidiez moi Saint Syphoriens [5],
Saint Cosme et Saint Dominiens [6],
Saint Ylaire [7], Saint Juliens
Qui herberge les crestiens [8].
Saint Benéois li Bestornez [9]
Aidiez à toz mal atornez [10].
Saint Jaques aus Preeschéors [11],
Saint François aus Frères menors [12],

1. L'église de cette célèbre abbaye fut démolie en 1813, et son emplacement compris dans le périmètre de la *Halle aux Vins*.

2. Saint-Nicolas du Chardonnet. Voy. ci-dessus, p. 5 et 147.

3. Démolie vers 1792.

4. Démolie en 1807.

5. Il y avait deux églises de ce nom. L'une dans la Cité ; l'autre dans la *rue Saint-Symphorien*, qui devint la *rue des Cholets*.

6. Saint-Côme et Saint-Damien. Voy. ci-dessus, p. 33 et 145.

7. Voy. ci-dessus, p. 147.

8. Voy. ci-dessus, p. 6.

9. Voy. ci-dessus, p. 6 et 146.

10. Aidez à tous ceux qui sont en mauvaise situation.

11. Le couvent de Saint-Jacques, appartenant aux Dominicains, dits Frères prêcheurs ou Jacobins.

12. Le couvent des Cordeliers, Franciscains ou Frères Mineurs. Voy. ci-dessus, p. 15 et 145.

Et Saint Jehan à l'Ospital [1],
Et Saint Germain des Prez l'aval [2],
Saint Blaives [3] et Saint Mathelin [4],
Et Saint Andrieu [5], et Saint Sevrin [6].
Aidiez moi Saint Germain li Viex [7].
Et Saint Sauveres [8] qui vaut miex,
Saint Cristofle [9], Saint Bertremiex [10],
Et vous, biaus sire Saint Mahiex [11],
Sainte Jeneviève [12] aus Coulons [13],
Et vous Saint Jehan li Roons [14],
Sainte Marine [15] l'Abéesse.

1. Les Hospitaliers de Saint-Jean de Jérusalem ou de Latran. Il ne reste plus rien de ces bâtiments.
2. Située dans le vallon qui s'étend au pied de la montagne Sainte-Geneviève.
3. La chapelle Saint-Blaise, près de Saint-Julien. Démolie en 1765.
4. Les Mathurins. Voy. ci-dessus, p. 143.
5. Saint-André. Voy. ci-dessus, p. 33 et 144.
6. Saint-Séverin. Voy. ci dessus, p. 6 et 142.
7. Voy. ci-dessus, p. 138.
8. Saint-Sauveur. Voy. ci-dessus, p. 117.
9. Voy. ci-dessus, p. 4 et 141.
10. Saint-Barthélemy, dans la Cité. Voy. ci-dessus, p. 136.
11. Je ne sais quelle église on a voulu désigner ici.
12. Voy. ci-dessus, p. 141 et 142.
13. Colombes, pigeons.
14. Saint-Jean le Rond, adossée à la tour septentrionale de Notre-Dame. Démolie en 1748.
15. L'église Sainte-Marine, dans la Cité. Vendue en 1792, puis démolie.

Li saint de la chapele Evesque [1],
Et l'Ostel Dieu i vueil je metre.
Je ne m'en vueil mie demetre
Saint Piere aus Bues [2] et Saint Landris [3],
Et Saint Denis du Pas [4] ausis,
Et de la Chartre Saint Denis [5],
Saint Macias [6] et Saint Liefrois [7],
La Magdelène [8] et Sainte Crois [9],
Et Saint Michiel [10] et Sainte Crois [11],
Li saint de la chapele au rois [12],
Et Saint Germain li Auçoirrois [13],
Et Saint Thomas de Lovre [14] ausi,
Et Saint Nicholas [15] de lez li [16],

1. La chapelle de l'archevêché.
2. Voy. ci-dessus, p. 4, 15 et 140.
3. Voy. ci-dessus, p. 140.
4. Située au chevet de Notre-Dame. Démolie peu de temps avant la Révolution.
5. Voy. ci-dessus, p. 3 et 139.
6. Saint-Martial. Voy. ci-dessus, p. 4 et 138.
7. Saint-Leufroi, démolie en 1684, et dont l'emplacement est aujourd'hui compris dans la *place du Châtelet*.
8. Voy. ci-dessus, p. 139.
9. Voy. ci-dessus, p. 137.
10. Voy. ci-dessus, p. 2.
11. Cette répétition est sans doute ici pour la rime.
12. La Sainte-Chapelle du Palais.
13. Saint-Germain-l'Auxerrois.
14. Saint-Thomas du Louvre; devenue Saint-Louis du Louvre, et démolie en 1811.
15. Saint-Nicolas du Louvre. Démolie en 1780.
16. Près de lui.

Et Saint Honoré aus Porciaus [1],
Et Saint Huistace de Champiaus [2],
Et Saint Ladre li bons mesiaus [3],
Saint Leu Saint Gile li noviaus [4].
Et li bon saint des Filles-Dieu [5],
Et Saint Magloire [6] n'en eschieu ;
Et la Trinité aus Asniers [7],

1. Saint-Honoré, située près du marché aux Pourceaux. Voy. ci-dessus, p. 33.

2. Saint-Eustache, bâtie sur le territoire dit de *Champeaux*, où s'élèvent aujourd'hui les *Halles Centrales*.

3. Et Saint-Lazare, le bon lépreux. — Le couvent de Saint-Lazare fut longtemps une léproserie ; c'est aujourd'hui la prison affectée aux femmes.

4. L'église Saint-Leu-Saint-Gilles, dans la *rue Saint-Denis* ; mais l'édifice actuel date de 1320. La première église avait été élevée en 1235, et on l'appelle *nouvelle*, pour la distinguer d'une autre église Saint-Leu, dont il sera question plus bas, et qui datait d'une époque antérieure, que l'on ne peut déterminer.

5. Le couvent des Filles-Dieu était alors situé hors Paris, à peu près sur l'emplacement de la *Porte Saint-Denis* actuelle. Il fut transporté ensuite dans la *rue Saint-Denis*, et sur les ruines de ce second couvent, on ouvrit en 1798 la *rue* et le *passage du Caire*.

6. Eglise située *rue Saint-Denis*, à la hauteur de la *rue Saint-Magloire*. Elle a disparu pendant la Révolution.

7. L'hôpital de la Trinité, situé *rue Grenétat*, sur l'emplacement qu'occupe aujourd'hui le *passage de la Trinité*. Les religieux de la Trinité ne voyageaient qu'à âne, par humilité. Voy. ci-dessous, p. 203.

Li saint du monstier aus Templiers [1],
Et cil du Val des Escoliers [2],
Et Saint Lorenz [3] qui fu rostis,
Saint Salerne [4] qui fu trahis.
Saint Martin des Chans [5] n'i oubli,
Ne Saint Nicholas [6] delez li.
Saint Pol [7] et Saint Antoine [8] i met,
Et toz les bons sains de Namet [9].
Saint Jehan [10], Saint Gervais en Grève [11],
Et Saint Bon [12] où l'en fiert en clève.

1. Les derniers vestiges de cette célèbre maison ont disparu en 1848.
2. Le prieuré de Sainte-Catherine du Val-des-Ecoliers, sur les ruines duquel fut établi, vers 1783, le marché Sainte-Catherine, dans la rue de ce nom.
3. Voy. ci-dessus, p. 120.
4. Je ne trouve trace nulle part d'une église de ce nom.
5. Couvent situé *rue Saint-Martin*, supprimé en 1790, et remplacé par le Conservatoire des Arts et Métiers.
6. Voy. ci-dessus, p. 123.
7. Voy. ci-dessus, p. 133.
8. L'abbaye de Saint-Antoine, devenue l'hôpital actuel du même nom.
9. Ce dernier mot est inexplicable.
10. Voy. ci-dessus, p. 131.
11. Voy. ci-dessus, p. 74 et 129.
12. Eglise située dans la rue de ce nom, et supprimée en 1792. La fin du vers semble indiquer qu'on y entendait battre les enclumes; mais les professions exercées dans le voisinage en 1292 (voyez la Taille de cette année), ne confirment pas cette assertion.

Et si i sera Sains Bernars [1];
Le monstier des Frères aus Sas [2].
Et si i sera Saint Remis [3];
Le moustier aus XV. XX. [4],
Et Saint Leu [5] que je n'oubli mie,
La novele ordre de la Pie [6]
Qui sont en la Bretonerie [7],
Saint Giosses [8] et Saint Merri [9],
Et Sainte Katherine [10] ausi,
Saint Innocent [11] aus bons martirs,
Saint Jaque de la Boucherie [12],
Sainte Oportune [13] bone amie,

1. Le collége des Bernardins, situé au commencement de la rue de ce nom.
2. Voy. ci-dessus, p. 145, 194 et 203.
3. La chapelle des Quinze-Vingts était placée sous l'invocation de saint Remi.
4. Voy. ci-dessus, p. 74, 158, 195 et 204.
5. Petite chapelle qui dépendait de Saint-Symphorien, dans la Cité.
6. Voy. ci-dessus, p. 158.
7. Les chanoines réguliers de Sainte-Croix, installés en 1258 dans la *rue de la Bretonnerie*, dite aujourd'hui *rue Sainte-Croix de la Bretonnerie*.
8. Saint-Josse. Voy. ci-dessus, p. 121.
9. Voy. ci-dessus, p. 124.
10. Hôpital d'abord nommé de Sainte-Opportune, parce qu'il était situé en face de l'église de ce nom, dans la *rue Saint-Denis*.
11. Voy. ci-dessus, p. 76 et 119.
12. Voy. ci-dessus, p. 14 et 126.
13. Voy. ci-dessus, p. 119.

Aidiez de bon cuer et d'entier
A toz cels qui en ont mestier [1].
Amen.

Expliciunt les monstiers de Paris.

[1]. A tous ceux qui en ont besoin.

LES ORDRES

DE PARIS

par

RUTEBEUF[1]

En non[2] de Dieu l'Espérité,
Qui tréibles[3] est en unité,
Puissé-je commencier à dire
Ce que mes cuers m'a endité ;
Et ce je di la vérité,
Nuns ne m'en doit tenir à pire.

1. Cette pièce a été publiée par Barbazan et Méon, *Fabliaux et Contes*, t. II, p. 293 ; par A. Jubinal, *Œuvres de Rutebeuf*, t. I, p. 158, etc. — Nous la reproduisons d'après le manuscrit de la Bibliothèque nationale, fonds français, n° 1635, f° 1.
2. Nom.
3. Triple.

J'ai coumencié ma matire
Sur cest siècle qu'a dès [1] empirè,
Où refroidier voi charité ;
Ausis s'en vont sans avoir mire
Là où li Diables les tire
Qui Dieu en a desérité.

 Par maint samblant, par mainte guisse
Font cil qui n'ont ouvraingne aprise
Par qu'il puissent avoir chevance :
Li un vestent [2] coutelle grise,
Et li autre vont sans chemise,
Si font savoir lor pénitance.
Li autre par fauce samblance
Sont signeur de Paris en France,
Si ont jà la cité pourprise.
Diex gart Paris de meschéance,
Et la gart de fauce créance,
Qu'ele n'a garde d'estre prise.

 Li Barré [3] sont près des Béguines [4],
IX. xx. en ont à lor voisines,
Ne lor faut que passer la porte,
Que par auctorités divines,
Par essamples et par doctrines

1. Qui toujours.
2. Revêtent.
3. Voy. ci-dessus, p. 158, note 3.
4. Couvent nommé plus tard l'Ave-Maria.

Que li uns d'aus à l'autre porte.
N'ont povoir d'aler voie torte,
Honeste vie les desporte,
Par jéunes, par deceplines,
Et li uns d'aus l'autre conforte.
Qui tel vie a, ne s'en ressorte,
Quar il n'a pas gite sens signes.

 L'ordre as Béguines est légière.
Si vous dirai en quel manière
En s'an ist [1] bien por mari prandre.
D'autre part qui baisse la chière,
Et a robe large et plénière,
Si est Béguine pour li randre [2],
Si ne lor puet-on pas deffandre
Qu'eles n'aient de la char tandre,
S'eles ont un pou de fumière ;
Se Diex lor vouloit pour ce randre
La joie qui est sans fin prandre,
Saint Lorans l'achita trop chière.

 Li Jacobin [3] sont si preudoume
Qu'il ont Paris et si ont Roume [4],
Et si sont Roi et Apostole,
Et de l'avoir ont-il grant soume.
Et qui se muert, se il nes noume

1. On en sort.
2. Sans avoir fait de vœux.
3. Les Dominicains établis rue Saint-Jacques.
4. Qu'ils disposent de Paris et de Rome.

Pour exécuteurs [1], s'ame est fole.
Et sont Apostre par parole,
Buer fu tes gent mise à escole [2].
Nuns n'en dit voir c'on ne l'asoume [3] :
Lor haïne n'est pas frivole,
Je, qui redout ma teste fole,
Ne vous di plus, mais [4] qu'il sont houme.

    Se li Cordelier [5] pour la corde
Pueent avoir, l'a Dieu acordé,
Buer sont de la corde encordé.
La Dame de miséricorde,
Se dient-il, à eus s'acorde,
Dont jà ne seront descordé;
Mais l'en m'a dit et recordé
Que tes [6] montre au disne cors Dé
Semblant d'amour, qui s'en descorde,
N'a pas granment que concordé
Fu par un d'aux et acordé
Uns livres dont je me descorde.

    L'ordre des Sas [7] est povre et nue,
Et si par est si tart venue,

---

1. Pour exécuteurs testamentaires.
2. Pourtant ils auraient besoin d'aller à l'école.
3. Nul n'en dit rien, de peur d'être assommé.
4. Je me borne à dire.
5. Voy. ci-dessus, p. 157, note 11.
6. Tels.
7. Voy. ci-dessus, p. 145, note 1.

Q'uà envis seront soustenu
Se Dex ot teil robe vestue
Com il portent par mi la rue,
Bien ont son abit retenu ;
De ce lor est bien avenu,
Par un home sont maintenu
Tant com il vivra, Dex ajue
Se mors le fait de vie nu,
Voisent lai dont il sont venu,
Si voist chacuns à la charrue.

 Li Rois a mis en I repaire [1],
Mais ne sai pas bien pour quoi faire,
Trois cens aveugles [2] route à route.
Parmi Paris en vat trois paire,
Toute jour ne finent de braire.
Au IIJ cens qui ne voient goute
Li uns sache [3], li autres boute,
Si se donent mainte sacoute [4],
Qu'il n'i at nul qui lor esclaire.
Se fex [5] i prent, se n'et pas doute,
L'ordre sera brullée toute,
S'aura li Rois plus à refaire [6].

---

1. En une retraite.
2. Les Quinze-Vingts. Voy. ci-dessus, p. 74 et 158.
3. Cognent.
4. Contusion.
5. Si le feu.
6. Le roi aura à recommencer.

Diex a non de filles avoir [1],
Mais je ne puis onques savoir
Que Dieux éust fame en sa vie.
Se vos créez mensonge avoir
Et la folie pour savoir,
De ce vos quit-je ma partie.
Je di que Ordre n'est-ce mie,
Ains est baras [2] et tricherie
Por la fole gent decevoir.
Hui i vint [3], demain se marie :
[Le lingnages Sainte Marie]
Est hui plus grans qu'il n'iere arsoir.

Li Rois a filles à plantei [4],
Et s'en at si grant parentei
Qu'il n'est nuns qui l'osast atendre.
France n'est pas en orfentei,
Se Diex me doint boenne santei,
Jà ne li covient terre rendre
Pour paour de l'autre deffendre.
Car li Rois des filles engendre,
Et ces filles refont auteil.
Ordres le truevent Alixandre,
Si qu'après ce qu'il sera cendre
Serat de lui C ans chantei.

1. Les Filles-Dieu. Voy. ci-dessus, p. 187, note 5.
2. Tromperie.
3. Aujourd'hui y viennent.
4. En abondance.

La Trinitei [1] pas ne despris.
De quanqu'il ont l'année pris [2]
Envoient le tiers à mesure
Outre meir raembre les pris [3].
Ce ce font que j'en ai apris,
Ci at charitei nete et pure.
Ne sa [4] c'il partent à droiture,
Je voi desai les poumiax luire
Des manoirs qu'il ont entrepris;
C'il font delà teil fornesture,
Bien oeuvrent selonc l'Escriture,
Si n'en doivent estre repris.

Li Vaux des escoliers [5] m'enchante,
Qui quièrent pain et si ont rante,
Et vont à chevaul et à pié.
L'universitei la dolante,
Qui se complaint et se demante,
Trueve en eux petit d'amistié,
Ce ele d'ex eust pitié,
Mais il se sont bien aquitié
De ce que l'Escriture chante :
Quant om at mauvais respitié,

1. Les frères de la Trinité, dit Mathurins. Voy. ci-dessus, p. 143.
2. De ce qu'ils ont rassemblé et pris.
3. Outre mer racheter les captifs.
4. Ne sais.
5. Le Val des Ecoliers, rue Sainte-Catherine.

Trueve-l'an puis l'anemistié.
Car li maux fruiz ist de male ante.

    Cil de Chartrouse [1] sont bien sage,
Car il ont laissié le bochage
Por aprochier la bone vile [2].
Ici ne voi-je point d'outrage,
Ce n'estoit pas lor eritage
D'estre toz jors en iteil pile.
Nostre créance tourne à guible [3],
Mensonge devient Euvangile,
Nuns n'est mais saux [4] sans béguinage.
Preud'ons n'est creuz en concile,
Nes que IJ genz contre IJ mile :
A ci doleur et grant damage.

    Tant com li Guillemin [5] esturent,
Là où li grant preudome furent
Sà en arrier comme rencluz,
Itant servirent Deu [6] et crurent.
Mais maintenant qu'il se recrurent [7],

1. Les Chartreux.
2. D'abord installés Gentilly, ils venaient de s'établir plus près de Paris, dans le jardin du Luxembourg actuel.
3. Fourberie.
4. Nul n'est sauvé.
5. Les Guillemites.
6. Dieu.
7. Qu'ils se sont enrichis.

Si ne les dut-on croire plus :
Issu s'en sunt comme conclus.
Or gart uns autres le renclus,
Qu'il en ont bien fait se qu'il durent,
De Paris sunt I pou ensus,
S'aprocheront de plus en plus,
C'est la raisons por qu'il s'esmurent.

LA CHANSON

DES ORDRES

par

RUTEBEUF [1].

Du siècle vueil chanter
Que je voi enchanter ;
Tels vens porra venter
Qu'il n'ira mie ainsi.
Papelart et Béguin
Ont le siècle honi.

Tant d'Ordres avons jà ;
Ne sai qui les sonja,

[1]. Cette pièce a été publiée par Barbazan et Méon, *Fabliaux et Contes*, t. II, p. 299 ; par A. Jubinal, *Œuvres de Rutebeuf*, t. 1, p. 170, etc.—Le manuscrit est conservé à la Bibliothèque nationale, fonds français, n° 837, f° 314.

Ainz Diex tels genz non i a,
N'il ne sont si ami.
Papelart et Béguin
Ont le siècle honi.

Frère Predicator
Sont de molt simple ator,
Et s'ont en lor destor
Mainte bon Parisi.
Papelart et Béguin
Ont le siècle honi.

Et li Frère-menu
Nous ont si près tenu,
Que il ont retenu
De l'avoir autressi.
Papelart et Béguin
Ont le siècle honi.

Qui ces IJ n'obéist,
Et qui ne lor gehist
Quanqu'il onques féist,
Tels bougres ne nasqui.
Papelart et Béguin
Ont le siècle honi.

Assez dient de bien,
Ne sai s'il en font rien;
Qui lor done du sien,
Tel preudomme ne vi.

Papelart et Béguin
Ont le siècle honi.

Cil de la Trinité
Ont grant fraternité,
Bien se sont aquité,
D'asnes ont fet roncin [1].
Papelart et Béguin
Ont le siècle honi.

Et li frère Barré [2]
Resont cras et quarré,
Ne sont pas enserré,
Je les vi mercredi.
Papelart et Béguin
Ont le siècle honi.

Nostre frère Sachier [3]
Ont luminon fet chier;
Chascuns samble vachier
Qui ist de son mesni.
Papelart et Béguin
Ont le siècle honi.

Set vins filles ou plus
A li Rois en reclus [4],

1. Voy. ci-dessus, p. 187.
2. Voy. ci-dessus, p. 158, note 3.
3. Voy. ci-dessus, p. 145.
4. Voy. ci-dessus, p. 187, note 5.

Onques mès Quens ne Dus
Tant n'en congenui.
Papelart et Béguin
Ont le siècle honi.

Béguines [1] a ou mont
Qui larges robes ont;
Desouz lor robes font
Ce que pas ne vous di.
Papelart et Béguin
Ont le siècle honi.

L'Ordre des Nonvoianz [2],
Tels ordre est bien noianz,
Il tastent par léanz.
Quant venistes-vous ci ?
Papelart et Béguin
Ont le siècle honi.

Li frère Guillemin,
Li autre frère Hermin,
M'amor lor atermin
Jes amerai mardi.
Papelart et Béguin
Ont le siècle honi.

Expliciunt les Ordres.

1. Voy. ci-dessus, p. 192.
2. Les Quinze-Vingts. Voy. p. 74 et 158.

TABLE

Introduction.	1
Nomenclature des rues, places, carrefours, portes, paroisses, croix, palais, etc., de Paris au XIIIᵉ siècle, d'après la Taille de 1292. .	109
Les Crieries de Paris au XIIIᵉ siècle, par Guillaume de la Villeneuve	153
Li diz de l'Erberie, par Rutebeuf.	165
Le Dit du Lendit.	175
Les Monstiers de Paris.	183
Les Ordres de Paris, par Rutebeuf	191
La Chanson des Ordres, par Rutebeuf . . .	201

ACHEVÉ D'IMPRIMER

Sur les presses de CH. MEYRUEIS

Typographe à Paris

Le 21 *mars* 1874.

Pour LÉON WILLEM, Libraire.

A PARIS.

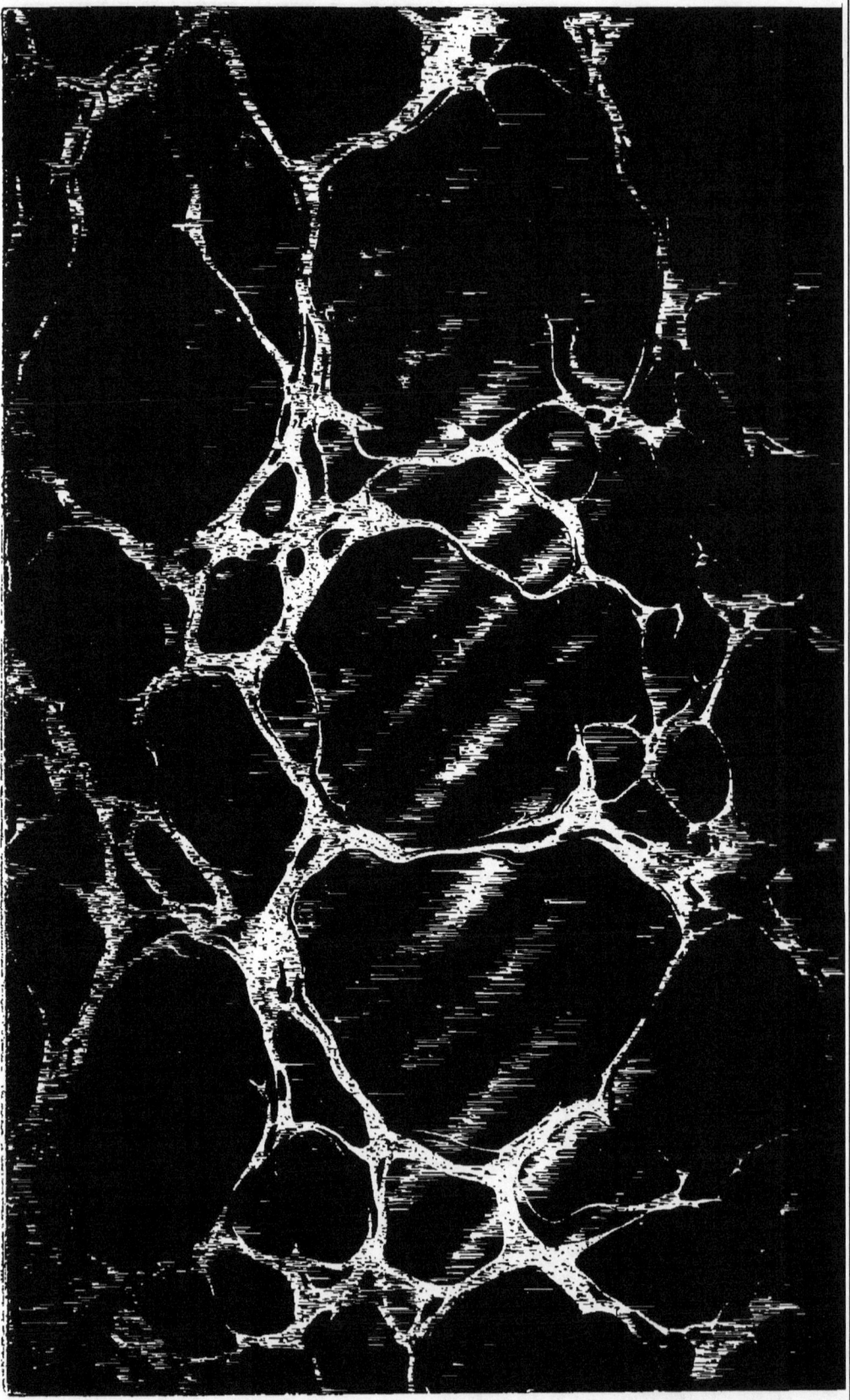

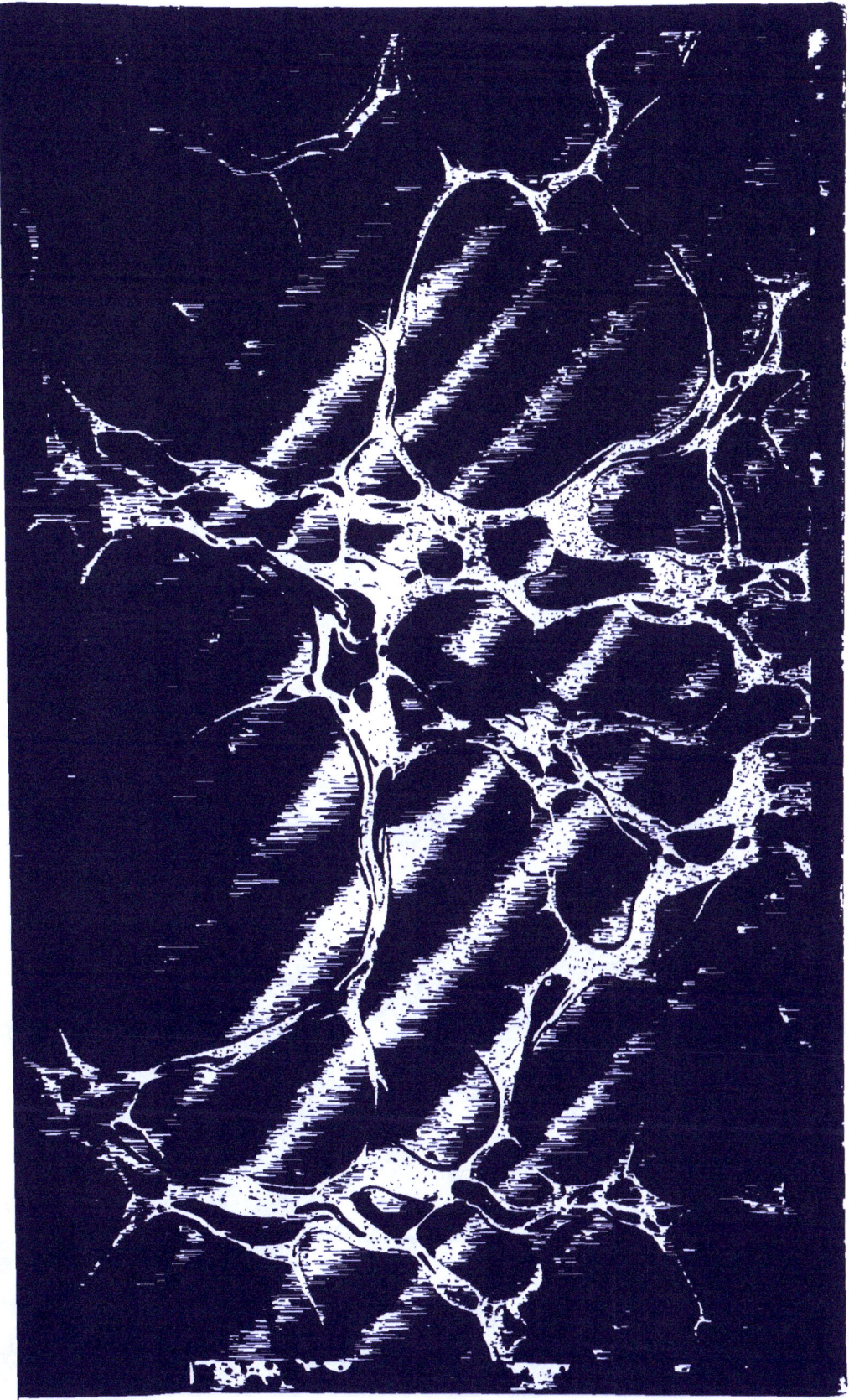